# 번역학 비판

中西译学批评

–응용 이론에서 순수 이론까지–

Chang Nam Feng(张南峰) 지음 | 김진아 · 도희진 옮김

한국외국어대학교 출판부

中西经学批评

## 역자 서문

글을 시작하기 전에 먼저 본서는 총 4부로 구성된 원전 가운데 1부(중국 전통 번역학에 대한 비판)와 4부(중국 번역 작품을 대상으로 하는 케이스 스터디)를 제외하고 원저의 2부(응용 이론)와 3부(순수 이론)-각각 역서의 1부와 2부-를 중심으로 번역이 이루어졌다는 점을 밝힌다. 비록 역자는 한국의 독자에게 생소한 부분을 제외함으로써 접근성을 높이면서 동시에 2부와 3부만으로도 나름대로 정합성을 가진다고 판단한 결과 이렇게 취사선택했지만, 결과적으로 원저의 문제 의식을 온전히 반영할 수 없었다는 점에서 원저자와 독자의 너그러운 해량을 구한다.

원저의 제목은 '동서양 번역학 비판'으로 중국을 중심으로 동양의 번역학을 함께 다루고 있으나, 위에서 밝힌 바와 같이 원저의 일부인 서구 응용 번역 이론 비판과 서구 순수 번역 이론 비판 부분만을 발췌해서 번역하였으므로 번역서의 제목 역시 '번역학 비판'으로 바꿔야 했다.

저자는 서구 번역 이론을 응용 이론과 순수 이론으로 분류하고 있는데, 그 분류 기준을 다음과 같이 밝히고 있다.

> 응용 이론의 목적은 번역을 이끌고자 하는 것이며, 순수 이론의 목적은 번역 현상(번역문, 번역자, 위탁자 및 번역에 영향을 끼치는 모든 요인 또는 번역의 영향을 받는 현상 포함)에 대한 기술적 연구를 목적으로 하며,

여기에는 응용 이론에 대한 기술론적 연구도 포함된다. 물론 두 가지 이론은 서로 영향을 주면서 새로운 시각을 던져주며, 또한 Dirk Delabastita와 Javier Franco Aixelá의 이론처럼 두 가지 기능을 모두 갖는 이론도 있다. 하지만 두 가지 이론의 기본적 지향점은 다르다. 순수 이론은 이론에서 출발해 이론으로 귀결되는 것이 아니며, 학술적 실천에서 출발해 이론으로 귀결되었다가 다시 실천으로 돌아간다.(Toury 1995: 266 참고)

이러한 분류 기준에 따라 1부인 응용 이론 부분에서 Nida, Newmark, Jin Di(金隄) 및 스코포스 이론 등을 다루고 있으며, 2부인 순수 이론 부분에서 폴리시스템 이론, Lefevere, Hermans, Even-Zohar 등을 다루고 있다.

위에서 밝힌 바처럼, 일부 발췌 번역이라는 무리수를 두면서까지 이 책을 번역 대상으로 선정한 이유는, 아직까지 개별 학자들의 이론서가 파편적으로 소개되고 있는 한국의 현실 속에서, 번역학 연구자로서 번역학의 맥을 짚어나갈 수 있는 입문서 또는 개론서에 대한 목마름 때문이었다.

마침 이 책의 출간을 준비하는 과정에서 들려온 ≪번역학 입문≫(한국외국어대학교 출판부)이나 ≪번역학 연구의 길잡이≫(이지북스)의 출간 소식은 본서만으로는 이러한 목마름을 충분히 해갈하기에는 부족하지 않을까하는 역자의 우려를 어느 정도 해소해 주었다. 모쪼록 본서의 번역이 번역학에 관심을 가진 독자들에게 번역학이 무엇인가 밑그림을 그려보는 데 일조하기를 바라며 글을 마칠까 한다.

## 역자 일러두기

1. 본서는 중국어 원천 텍스트로 번역되었기에, 이 책의 주요 독자로 예상되는 번역학 석사 또는 박사 과정에 있는 이들에게 생소한 중국어로 따로 전문용어 색인을 만들기 보다는, 술어의 번역어에 대한 국내 학계의 합의가 부족하기 때문에 한국외국어대학교 출판부에서 앞서 출판한 ≪번역학 입문≫과 ≪번역행위의 목적성≫의 술어 번역 방식을 기본적으로 따른다.

2. 번역 이론 분야의 인명, 논문, 저서 등의 고유 명사는 영어를 그대로 쓰는 것을 원칙으로 한다. 하지만 권말에 실린 〈참고 문헌〉 가운데 중국어로 쓰여진 저서는 본문에 저자 이름을 중국어(간체자)로 표기하고, 본래 기타 언어로 쓰여진 텍스트를 중국어로 번역한 저서일 경우 본문에 저자 이름을 한글로 표기한다.

예) "give one another a hearty handshake all around(모두 돌아가며 진심 어린 악수를 하다)"(Nida 1964:160)

Jin Di는 또한 '효과'는 정보의 모든 작용, 다시 말해 수신자가 그 속에서 얻은 모든 이해와 느낌을 지칭해야 하며, 여기에는 주요 정신, 구체적 사실, 의미 맥락의 세 요소가 포함된다고 보았다.(金隄 1998:18)

문학 폴리시스템의 전환기, 즉 위기나 진공 상태일 때(이븐-조하 2000:118)

3. 일반적으로 알려진 학자, 시인, 작품의 경우 한글로 표기하고

필요한 경우 영어를 병기한다.

4. 본문의 모든 주는 저자주이며, 본문의 술어 옆에 병기된 영어 표기는 원문 텍스트에 본래부터 병기된 경우도 있지만 역자가 필요하다고 판단한 경우 해당 영어 원저를 확인하여 덧붙인 경우도 있음을 밝힌다.

# 목차

## 제 2 부 서구 순수 번역 이론 비판

# 제 1 부
# 서구 응용 번역 이론 비판

# 01 Nida 번역 이론

수십 년 동안 세계적으로 큰 반향을 일으킨 등가 이론은 1953년 E. V. Rieu에 의해 최초로 제기되었다. 1960~80년대에 발표한 저술과 논문을 통해, Eugene Nida는 등가 이론을 기반으로 동태적(또는 기능적) 등가 이론을 발전시키는 동시에, 번역을 통해 동태적 등가에 도달하는 방법과 이를 평가하는 방법을 제시하였다. Nida 이론에 대해서는 찬반이 분분하다. 비판하는 학자 가운데 하나인 Peter Newmark는, 동태적 등가 이론이 독자를 과도하게 고려한 나머지 저자를 희생시켰다고 비판하면서, 모든 종류의 텍스트에 적용 가능하지 않다는 문제를 제기하였다.

Newmark에 대해 동태적 등가 이론이 모든 종류의 번역에 적용되어야 한다고 반박한 Jin Di(金隄)는, 원천 텍스트의 '구체적 사실'을 보다 중요시한다는 점에서 Nida와 구별되는 등가 이론을 제시하였다.

제1장에서는 등가 이론을 둘러싼 다양한 의견을 정리하면서, Nida 이론의 제한적 성격과 근본적 문제를 지적해 보고자 한다.

# 1 다양한 의견들

## 1.1 Nida의 동태적 등가 이론

번역은 곧 의사소통이라는 전제 하에 Nida는 동태적 등가라는 원칙을 제시하였다. 그는 "목표 텍스트 수신자와 목표 텍스트 정보 사이의 관계는 원천 텍스트 수신자와 원천 텍스트 정보 사이의 관계와 기본적으로 같아야 한다.(Nida 1964:159)"거나 "수신자 언어의 정보 수신자가 원천 언어 수신자와 기본적으로 똑같이 반응(해야)한다.(Nida and Taber 1969:24)"고 말했다. 예를 들면 "white as snow(눈처럼 하얗다)"를 평생 눈을 본 적이 없는 사람을 대상으로는 "white as egret feathers(해오라기 깃털처럼 하얗다)(Nida 1964:158)"나 "white as kapok down(목면처럼 하얗다)(Nida 1964:171)"로 번역하고, "greet one another with a holy kiss(성스러운 입맞춤으로 서로 존경을 표하다) (≪로마서≫ 16:16)"를 현대 영어로는 필립스 ≪신약≫과 같이 "give one another a hearty handshake all around(모두 돌아가며 진심 어린 악수를 하다)"(Nida 1964:160)로 번역할 수 있다.

이는 "사실상 기호학 노선(Jin and Nida 1984:86)"을 취한 것으로, 기존 번역 이론에 비해 큰 진전이었다. 수신자가 없다면 정보 전달 과정이 완성될 수 없음에도 불구하고, Nida 이전에는 수신자의 반응에 포커스를 맞춘 이론이 없었다. 하지만 Nida의 등장으로 번역의 평가 기준은 더 이상 원천 텍스트와 목표 텍스트의 비교에 머무르지 않고, 원천 텍스트와 목표 텍스트가 각각의 언어 수신자와 맺는 관계로 확대되었다. 이에 따라 과거 수백 년 동안 지속되어온 직역과 의역을 둘러싼 논쟁은 비로소 마감되었다. 이제 직역

이냐 아니면 의역이냐는 더 이상 중요하지 않게 되었다.(Jin and Nida 1984:91)

동태적 등가 원칙과 긴밀한 관계가 있는 개념은 '정보 부하(負荷)'와 '수신자 정보 채널 용량'이다. Jin Di(金隄)와 Nida는 "일반적으로 원천 언어로 적절하게 표현된 정보는 수신자 정보 채널 용량에 맞는 난이도를 갖는다. (Jin and Nida 1984:103-105)"고 지적하였으며, 그 의미는 그림 1과 같다.

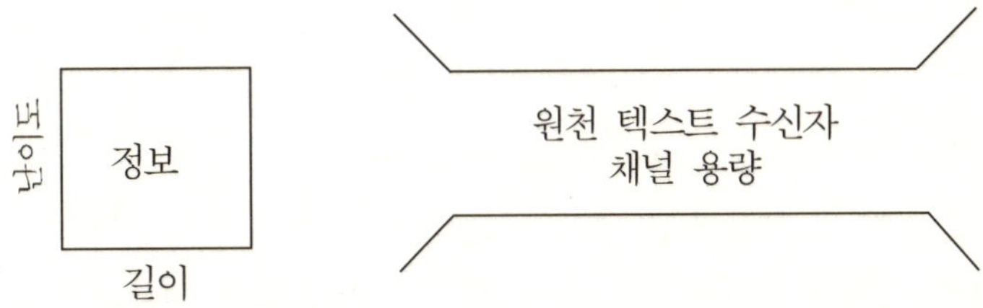


〈그림 1〉 정보와 원천 텍스트 수신자 채널 용량의 관계

"만약 이 원천 언어의 정보를[......] 같은 길이로 번역한다면 [......], 난이도는 필연적으로 지나치게 커진다." 하지만 문화 차이로 인하여 "목표 언어 수신자의 정보 채널 용량은 일반적으로 원천 언어 수신자의 정보 채널 용량보다 작다." 따라서 "일반적으로 목표 텍스트에 어느 정도의 부가 정보를 더하여, 그 형식이 수신자 채널 용량에 적합하도록 조정한다."[1] 그 결과 그림 2와 같이 목표 텍스트는 원천 텍스트보다 길어진다.

---

1) 이러한 정보 첨가는 'river Jordan(요단강)'과 'sect Pharisees(바리새 교파)' 등과 같이 고유명사나 외래어의 속성을 갖는 몇 가지 예로 설명 가능하다. (Nida 1964:230)

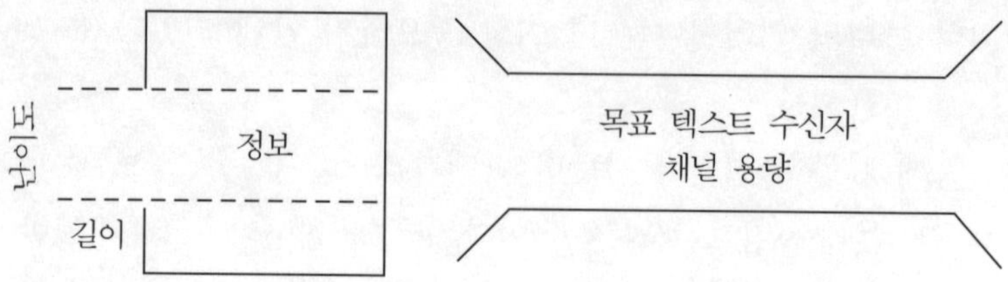


**〈그림 2〉 정보와 목표 텍스트 수신자 채널 용량의 관계**

하지만 Nida는, 번역자가 "재미있는 문화 정보" 혹은 "[텍스트] 다른 부분에서 이끌어낸 정보(Nida and Taber 1969:111)"를 덧붙일 권리는 없으며, 단지 "문제가 생긴 부분과 가까운 맥락에 내포된 의미를 명료화(Nida and Taber 1969:111)"하여 "정보 전달 방식을 바꿀 뿐(Nida 1964:231)"이라고 보았다. "일반적이고 상세한 배경자료"는 "물론 각주나 괄호의 방식으로 덧붙일 수 있지만" "본문에 넣어서는 안 된다." 그럴 경우 "연대 오해" 또는 "원천 텍스트의 정보를 전달할 때 이러한 해석이 들어가지 않으면 독자들이 이해할 수 없다는 오해를 낳게 되어" "원천 텍스트의 의사소통 맥락을 왜곡한다."(Jin and Nida 1984:105)고 보았다.

그렇다면 번역자는 어느 정도의 문화 조절을 할 수 있고 또 해야 하는가? 이에 대한 Nida의 관점은 모호하고 심지어 서로 모순되기도 한다. 그는 "문화 차이는 번역자에게 언어 구조상의 차이보다 훨씬 심각한 문제를 안겨준다.(Nida 1964:161)"는 사실을 인정하여, 마치 번역자에게 융통성 있게 처리할 권한을 준 것처럼 보인다. 다음의 두 단락이 이러한 관점을 간접적으로 보여준다.

"자신의 문화 환경 속에서 자신의 언어로 전달되는 정보에 대한 [목표] 수신자의 반응은, 원천 문화 환경 속에서 원천 언어로 자신에게 전달된 정보에 대한 [원천] 수신자의 반응과 기본적으로 같아야 한다."

(Nida 1964:149)

동태적 등가[……] 번역은, 이중 언어 이중 문화 소유자가 목표 텍스트를 보고 나서 "이것은 정말 우리가 했을 법한 말이다."라고 수긍하는 것이다."

(Nida 1964:166)

따라서 Nida는 '진심 어린 악수'로 '성스러운 입맞춤'을 대체한 필립스의 번역 방식을 받아 들였다.

하지만 Nida는 또한 언어 번역은 정당하지만, 문화 번역 또는 조절(cultural translation or adaptation)은 그렇지 않다고 단언하였다. "이는 목사나 교사가 하는 일이지, 번역자가 하는 일이 아니다.(Nida and Taber 1969:134)", 또한 "정보 첨가, 삭제, 왜곡 등의 방법으로 조절(adaptation)하여", "다른 문화 모델에 부합하고자 하는 것"은 나쁜 번역의 일종이라고도 하였다.(Nida and Taber 1969:173)

하지만 '해오라기 깃털' 또는 '목면'으로 '눈'을 대체하거나 '진심 어린 악수'로 '성스러운 입맞춤'을 대체하는 방식은, 언어 번역일까 아니면 문화 조절일까 반문하지 않을 수 없다.

다음의 단락은 이 문제에 대한 Nida의 견해를 가장 대표적으로 나타내고 있다.

문화 조절은 결국 전환 과정에서 어느 정도나 조정이 가능하고 필요한가라는 보다 큰 문제로 귀결된다. 일반적으로 다음의 세 가지 상황이 아니라면 마음대로 고쳐서는 안 된다. (1)번역문이 수신자의 오해를 일으킬 우려가 있을 때, (2)번역문이 수신자에게 의미가 없을 때, (3)번역된 내용의 '부하가 지나치게 커' 일반 독자의 이해 능력을 넘어설 때. 하지만 이러한 세 가지 상황이더라도, 그 사건의 역사적 의의와 중요한 종교적 상징과 같은 구체적인 문제가 남는다.

(Nida and Taber 1969:110)

Nida의 동태적 등가 원칙에는 다음의 두 가지 중요한 조건이 있다는 점에도 주목해야 한다. 첫째, 번역자는 "원저자와 대체적으로 같거나 비슷한 목적을(Nida 1964:157)" 가져야 하며, 또한 "그 원저자처럼 이에 만족해야 하며"(Nida 1964:151), 그렇지 못할 경우 등가에 도달할 수 없다[2].

나아가 둘째, 번역자는 반드시 "'정보 복제'를 우선으로 해야 하며(Nida and Taber 1969:12)", 하나의 번역 방식을 선택하여 "원천 텍스트 속에서 원천 텍스트가 달성했던 목적이나 기능과 기본적으로 같은 목적이나 기능을 목표 언어에서 달성한다.(Jin and Nida 1984:90~91)" 원천 텍스트에 오류나 허점이 있더라도 번역자는 편집이나 조절 등의 개입을 할 수 없으며, 능력이 되더라도 원천 텍스트를 개선해서도 안 된다.(Nida 1964:155, 225, 226; Nida and Taber 1969:163)

### 1.2 Newmark의 비판

Newmark는 등가 이론에 다음과 같은 의문을 제기하였다.

---

2) 하지만 Nida는 "번역 작품 평가는 또한 다른 수많은 요인에 의해 결정된다. 여기에는 독자층, 번역 목적, 원천 텍스트의 성격 및 사회적으로 객관적으로 존재하는 언어 압력이 포함된다.(NIda 1964:191) 또한 번역 목적은 원저의 목적과 다를 수 있다. 예를 들어 민족지학 학자가 피조사자의 자료를 번역하는 경우가 바로 그렇다.(Nida 1964:157)"고 말한 바 있다.

첫째, 등가는 항상 가능한 것이 아니다. 다음 세 텍스트가 바로 그 예이다.

(1) 언어의 어떤 특징을 묘사하거나 언어의 특징을 활용하여 쓴 비문학 텍스트
(2) 원천 텍스트 독자들에게는 익숙하지만 목표 텍스트 독자에게는 생소한 문화 현상과 관련된 비문학 텍스트
(3) 강한 지방색을 가지고 특정 역사 시기에 뿌리를 둔 예술 작품(Newmark 1981:10~11)

둘째, 등가 원칙은 "모든 텍스트에 어느 정도 적용 가능하지만", "똑같은 중요성"을 갖지는 않는다.(Newmark 1988:49) 따라서 다른 유형의 텍스트에는 서로 다른 번역 방법이 적용되어야 한다.

Newmark는 텍스트를 그 기능에 따라 표현적(expressive), 정보적(informative), 호소적(vocative)의 세 가지로 구분하였다. 표현적 텍스트는 원천 언어 중심의 어의적 번역(Semantic translation) 방법을 사용해야 하며, 정보적 텍스트와 호소적 텍스트는 목표 언어 중심의 소통적 번역(Communicative translation) 방법을 사용해야 한다.(Newmark 1988:39~41, 45, 47, 상세한 내용은 제2장 참고)

두 가지 방법을 비교하면서 Newmark는 "어의적 번역은 원천 텍스트의 저자를 목표 언어를 이해하는 동시에 목표 텍스트의 품질을 가장 올바르게 평가할 수 있는 사람으로 가정하고는 이 한 명의 '독자'만을 상정하지만"(Newmark 1981:44), 소통적 번역은 같은 효과 또는 비교적 비슷한 효과를 만들어 내는 데 목표를 두고 있다고 하였다.[3](Newmark 1981:39; 1988:49) 그는 또한 "어의적 번역

3) 하지만 '대문호의 작품이나 기타 중요한 담화(즉 표현적 텍스트)의 번역자'에 대해서, Newmark는 또한 번역자가 충실해야 할 대상은 "우선

은 일반적으로 원천 텍스트에 비해 떨어진다. 번역된 결과에 인지적으로나 화용적으로나 모두 손실이 있기 때문이다." 하지만 "소통적 번역은 일반적으로 원천 텍스트보다 훌륭하다." 번역자가 "자신의 언어로 원천 텍스트보다 더 잘 쓰려고 하기 때문이다." 게다가 번역자에게는 "훌륭하지 못하거나 사실과는 다른 부분"을 개선할 책임까지 있기 때문에 더욱 그러하다고 보았다.(Newmark 1981:42; 1988:47,48)

셋째, Nida의 동태적 등가 이론은 정보 부하를 줄여야 한다는 점을 과도하게 강조하고 있어, 의미에 있어서 큰 손실을 동반하게 된다.

> "번역은 곧 의사소통"이라는 Nida의 관점은 목표 텍스트가 (즉각적으로?) 읽히고 이해되어야(비록 정확성과 충실성은 견지해야 하지만) 한다고 강조하지만, 독자가 이해할 수 없다고 Nida가 단언한, ≪성경≫ 속의 그토록 많은 비유를 포기하면 의미 역시 크게 손상된다는 점을 주목해야 한다.
>
> Nida의 동태적 등가를 고려할 때, 번역 이론가는 독자들에게 어떠한 특징(교육, 계급, 직업, 연령 등)이 있는지 뿐아니라, 독자들에게 어떤 요구를 해야 하는 지도 물어야 한다. 모든 것을 접시에 담아서 그들에게 바쳐야 하는가? 그들도 노력을 해야 하지 않을까? 가끔은 그들도 사전이나 백과사전을 뒤져 보아야 하지 않을까? 나는 ≪성경≫의 현대 영어 번역본의 적절성에 의문을 던질 생각은 없으며, 또한 독자의 행동을 일으키는데 목적이 있는 모든 텍스트(공고문 등)는 한 번 보고 쉽게 이해할 수 있어야 한다. 하지만 모든 번역을 (단지) 의사소통의 관점으로만 바라보면서 독자가 쏟아야 할 노력이 적을수록 좋다는 경향에는 반대한다.
>
> (Newmark 1981:51)

---

원저자이고 그 다음으로 목표 언어이며 마지막이 독자이다."라고 하였다.(Newmark 1981:64)

### 1.3 Jin Di(金隄)의 견해

역시 등가 이론을 주장하면서 Nida와 ≪Translation, *Current Trends and Linguistics*≫을 공동 저술한 Jin Di는, 등가 이론의 몇 가지 주요 개념 특히 '효과' 개념에 있어서 다른 의견을 가지고 있다.

정보와 수신자의 관계를 거론할 때 Nida가 사용한 용어는, 수신자에 대해 정보가 일으키는 작용(Nida and Taber 1969:22), 정보에 대한 수신자의 반응 또는 수신자가 행동으로 나타내는 반응(Nida and Taber 1969:24) 등이 있다.

하지만 Jin Di는 수신자에 대한 정보의 작용과 수신자의 반응 또는 행동을 구분해야 한다고 보았다. 언어 행위의 성격으로 볼 때 양자의 방향이 서로 상반되기 때문이다. 모든 수신자의 반응 또는 행동은 개인의 수많은 주객관 요소와 관련이 있으며, 이러한 반응 또는 행동은 번역 과정이 끝난 이후의 일이다. 따라서 번역 과정을 연구할 때 수신자의 반응은 배제해야 하며, '효과' 개념은 "수신자에 대한 정보의 작용(즉 수신자의 느낌)"만을 포함해야 한다.(金隄 1998:18)

Jin Di는 또한 '효과'는 정보의 모든 작용, 다시 말해 수신자가 그 속에서 얻은 모든 이해와 느낌을 지칭해야 하며, 여기에는 주요 정신, 구체적 사실, 의미 맥락의 세 요소가 포함된다고 보았다.(金隄 1998:18)

그의 관점은 이론적 문제일 뿐 아니라, 실천적인 측면에서도 중요한 의미가 있다. 그의 견해에 따르면, Nida는 선교를 위하여 수신자의 반응을 과도하게 강조한 결과 구체적인 사실이라는 요인에 충분한 주의를 기울이지 못 하였다.(金隄 1998:18~20)

'진심 어린 악수'라는 번역 방법을 '완전한 동태적 등가'로 본

Nida의 의견에 Jin Di는 동의하지 않았다. 그의 견해에 따르면, 이는 전형적인 '자유역'으로, 선교사에게는 수용 가능할 지라도 '순수 문학 번역자'에게는 그렇지 못하다. '진심 어린 악수'는 '성스러운 입맞춤'이라는 사실에 위배될 뿐 아니라, 고대의 의미 맥락을 현대적으로 바꾸었기 때문이다. 하지만 Nida가 주도하여 번역한 ≪성경≫의 현대 영문 번역본에서 채택한 "greet one another with a brotherly kiss(형제와 같은 다정한 입맞춤으로 서로 존경을 표하다)"는 번역 방법은 "약간의 변화를 대가로 어느 정도 등가를 실현하였다"고 긍정하였다.(金隄 1998:19~21, 63~65)

그렇다면 어떠한 의미 조정이 용납되는가에 대하여, 그는 다음과 같은 기준을 제시하였다. "세부 사항에 있어서는 약간의 차이가 있을 수 있다. 이러한 차이가 불가피할 때에만, 다시 말해 이러한 차이를 교정하면 전체적인 효과에 더 큰 손실을 초래할 때에만, 이는 적절한 방법이다."(金隄 1998:39)

그가 Nida의 동태적 등가 이론을 수정 또는 개선하려고 한 것은 Newmark 등의 비판에 대한 대응이었을 뿐, 그 자신은 여전히 이 이론의 확고한 옹호자였다. 그는 Newmark의 어의적 번역 이론은 원저자의 의도를 강조한 면에서는 올바르다고 보았지만, 원저자에 대한 충실을 최우선으로 삼으면서 독자에 대한 충실을 끝자리에 놓는 것에는 반대하였다. "원저자에 대한 충실이 독자에 대한 충실과 결합되지 않는다면, 의미가 없기" 때문이다.(金隄 1998:17, 68~69)

그는 등가 개념을 절대 영도 가설- 이 온도에 도달한 적이 없다고 해서 그 가설이 의미를 잃지는 않은- 에 비유하였다.

Nida가 '진심 어린 악수'와 같은 예에서 보여준 자유역 경향에 대하여, Jin Di는 Nida의 효과 개념이 모호했기 때문이지 이에 근거하여 등가 이론 자체를 부정할 수는 없다(金隄 1988:20)면서, 등가 이론은 "모든 종류의 번역에 적용되어야 한다.(金隄 1998:43)"고 하였다.

그의 결론은, 등가 원칙을 부정하려면 효과의 등가가 실현 불가능하다는 것을 증명하는 동시에, 보다 의미 있고 보다 현실적인 다른 등가를 제시해야 한다는 것이다. 그렇지 않은 모든 비판과 의문은 등가 이론의 발전을 촉진하는 것으로 간주될 뿐이다.(金隄 1998:24)

## 2 논쟁 분석

Nida 이론에 대한 Newmark와 Jin Di의 비판은, 몇 가지 점에서는 충분히 인정할 만하지만, 대부분은 오류이다.

### 2.1 동태적 등가는 곧 쉬운 이해를 강조하는 것인가?

먼저, 모든 것을 독자가 가능한 한 이해하기 쉽도록 번역하는 것이 곧 동태적 등가는 아니다. Nida도 이를 명확하게 밝혔다. "무거운 정보 부하 자체가 나쁜 것은 아니다. 원천 텍스트의 무거운 부하는 일반적으로 수신자 언어 속에서도 상응하는 무거운 부하를 찾을 수 있다.(Nida 1964:138)" Nida가 든 예는 키이츠(John Keats)와 브라우닝(Robert Browning)의 시로서, Newmark의 분류에 따르면 표현적 텍스트에 속한다.

Nida가 정보 부하를 줄여야 한다고 강조한 까닭은 "언어 형식과 문화 배경의 다양한 차이로 인하여 번역문은 일반적으로, 필요 없는 정보로 인하여 독자를 지루하게 만드는 결과가 아니라 과중한 정보 부하로 독자들의 수고를 배가시키는 결과를 낳는 경향이 있기 때문이다."(Nida 1964:182) 사실상 문화적 격차가 큰 텍스트의 경우, 번역자가 고도의 동태적 등가를 추구한다고 해도 목표 텍스트의 정보 부하는 일반 독자의 채널 용량에 비해 높기 마련이다. 따라서 Newmark의 우려는 지나친 감이 있다.

독자에 대해 무엇을 요구해야 하는가는 여러 가지 요소에 따라 결정되지만, 가장 중요한 것은 독자의 독서 동기이다. 만약 동기가 강렬하다면, 자신의 채널 용량이 작다는 단점을 보완하기 위해 사전을 찾는다거나 이해하기 어려운 부분에 대해 깊이 생각해보는 식으로 노력할 것이다. 하지만 독자의 동기가 그다지 강렬하지 않다는 사실을 번역자가 이미 알고 있거나 또는 그렇게 예상될 때는 정보 부하를 최대한 줄여야 한다. 현대 사회의 대중들에게 ≪성경≫을 자발적으로 읽게 하기란 그렇게 쉽지 않다는 점을 감안한다면, 독자의 독서 동기에 번역자가 그다지 큰 영향력을 가질 수 없다는 사실을 기억할 필요가 있겠다.

### 2.2 누구에 대한 충실인가?

또 다른 문제는, 서로 다른 텍스트를 번역할 때 독자를 얼마나 고려해야 하는가, 또는 번역자는 어느 정도나 독자에게 충실해야 하는가이다. "일반적으로 우리는 원저자가 수신자의 배경을 고려하여 최대한 이해하기 쉬운 형식으로 정보를 전달할 것이라고 가정할 수 있다.(Nida and Taber 1969:23)" 그렇다면 일반적으로 번역자 역시 이해하기 쉽게 번역하기 위해 힘써야 한다.

베드로가 "그의 원래 독자가 아니라 우리를 위해 글을 썼더라면, 다른 방식으로 같은 말을 했을 것이며 이러한 차이는 언어적 측면에만 국한되지 않았을 것(Nida and Taber 1969:24)"이라고 가정한다면, 번역자 역시 베드로처럼 다른 방식으로 같은 말을 하기 위해 온 힘을 쏟아야 한다.

이러한 상황이라면 원저자에 대한 충실과 독자에 대한 충실은 사실상 하나가 된다. Nida(Nida 1964:183)가 지적한 대로 "우리는 독자의 이해를 떠나 '정확성(accuracy)'을 논할 수 없다."

하지만 이러한 가정에는 전제가 하나 필요하다. 바로 원저자와 번역자가 모두 수신자와 의사소통하려고 한다는 전제이다. Newmark는 이에 대해 다른 견해를 가졌다. 그의 견해에 따르면, 표현적 텍스트의 원저자는 자신의 감정을 표현하려고 할 뿐 반응이 있든 없든 상관하지 않는다.(Newmark 1988:39) 다시 말해 표현적 텍스트의 목적은 근본적으로 의사소통이 아니다.

욕실 안에서 혼자서 부르는 노래나 일부 시와 일기 등이 순수하게 감정을 표출하기 위한 것이라는 사실에는 의문의 여지가 없다.(Jin and Nida 1984:44) 하지만 이러한 텍스트의 종류나 수량은 극히 제한적이다. Newmark가 표현적 텍스트로 분류한 대부분은 어느 정도는 정보, 호소 또는 기타 기능도 갖는다. 대부분의 문학작품은 결국 누군가가 읽거나 음미하기 위해 쓰인다. 그렇지 않다면 구태여 왜 출판하겠는가?

게다가 순전히 개인의 생각이나 감정을 표출하기 위한 원천 텍스트(저자 사후에 발표된 사적 일기 등)라 할 지라도, 번역자는 역시 독자에게 책임져야 한다. 그렇지 않다면 번역할 필요가 있겠는가?(Reiss 1989:107 참고)[4)]

---

4) Newmark 이론에 대한 상세한 비판은 제2장 참고.

### 2.3 동태적 등가가 곧 모든 번역의 원칙인가?

Nida가 동태적 등가 원칙을 제시한 것은 형태적 등가에 대한 상대적인 개념으로서였고, 결코 모든 번역의 원칙으로 제시하지는 않았다. 오히려 반대로, 그는 특정 종류의 독자를 위해 특정 텍스트를 번역할 때에는 형태적 등가 번역 원칙이 "종종 완전히 적절하다"고 말했다.(Nida 1964:166)

'a hearty handshake(진심 어린 악수)'가 다른 어떤 번역 방법보다 등가를 올바로 추구한, 완전한 동태적 등가의 예라고 Nida가 말할 때, 이러한 번역 방법이 다른 방법보다 항상 우월하다고 하지는 않았다. 그는 또한 "두 가지 번역 경로[……] 사이에 수많은 중간 레벨이 있어, 수용 가능한 갖가지 문학 번역의 기준을 대표한다.(Nida 1964:159~160)"고 보완하였다. 다시 말해 필립스의 번역본은 두 경로 사이의 연속체 위에서 비교적 극단적인 한 지점을 대표하는 것에 불과하다. 당시 추세는 동태적 등가를 강조하는 것이라고 지적했지만(Nida 1964:160), 동시에 각종 번역 방법의 우열을 평가하려고 하는 것은 아니며 그 기본적인 특징을 기술하고자 할 뿐이라고 그는 강조하였다.(Nida 1964:166)

당시 번역 문제에 대한 Nida의 기술론적(descriptive) 태도는 다음의 인용문에도 뚜렷하게 반영되어 있다.

> 많은 사람들이 과연 무엇이 적절한 번역인가에 대해 토론해 왔으며, 그들의 수만큼이나 많은 정의가 있다. 어떤 의미에서 이러한 다양성은 당연하다. 텍스트의 성격이 다르고 출판 목적이 다르며 독자의 수요 역시 다른, 많은 종류의 번역이 있다. (Nida 1964:161)

하지만 다른 사람과 협력하여 책을 쓸 때 Nida는 기술론적 태도보다는 처방론적 태도로 기우는 듯이 보인다. Taber와 함께 쓴 ≪The Theory and Practice of Translation≫에서 Nida는 동태적 등가가 훌륭한 번역이고, 형태적 대응(formal correspondence)- 형태적 등가(formal equivalence)가 아닌-은 나쁜 번역이라고 하면서(Nida and Taber 1969:173), 'hearty handshake'라는 번역 방법에 대해서는 전혀 언급하지 않았다. 나아가 1984년 Jin Di와의 공저 ≪Translation≫에서는 동태적 등가만을 거론하고, 형태적 대응은 더 이상 번역의 일종(나쁜 번역일지라도)으로 인정하지 않았다.(Jin and Nida 1984:84~85) 또한 'hearty handshake'는 이제 동태적 등가의 예가 아니라 '허용 가능한 자유역'의 예로 바뀌었다.(Jin and Nida 1984: 84~85) 결국 Nida는 동태적 등가가 최선의 번역이라고 아직 인식하지 못할 때에는 'hearty handshake'가 동태적 등가라고 했지만, 동태적 등가가 최선의 번역이라고 생각하게 되었을 때에는 더 이상 이를 동태적 등가라고 보지 않았다. 이러한 사실은 'hearty handshake'와 같은 번역 방법에 대해서 그가 어떠한 가치 판단도 내리지 않았음을 증명한다.

이에 비해 Jin Di의 태도는 더욱 원칙적으로, 등가 원칙은 "모든 종류의 번역에 적용되어야 한다."고 단언하였다.(金隄, 1998:43)

이 점에서 텍스트가 다르면 번역 방법도 다르다는 Newmark의 견해와 첨예하게 대립한다. Newmark의 텍스트 분류에는 문제가 많지만, 그는 서로 다른 텍스트 번역(법률 문서와 소비재 광고와 같은)의 기준이 같아서는 안 된다고 등가 원칙을 신봉하는 학자들을 일깨우고 있다.

Newmark는 또한 소통적 번역 방법을 채택한 번역자에게 원천 텍스트를 개선할 권리를 주었다. 특히 정보 제공만을 위한 텍스트를 처리할 때는 특히 이렇게 해야 한다. 이러한 텍스트는 대부분 엉망으로 쓰이기 때문이다.(Newmark 1988:41) 일반적으로 텍스트에 수정이 필요하고 번역자에게 수정할 만한 능력과 자격이 있을 때, 번역이 등가 추구에 머무른다면 번역자의 책임을 다했다고 말하기는 어렵다. 일반 번역 이론은 사회적인 실제 수요를 고려 대상에 포함시켜야 하며, 그렇지 못할 경우 실용적 가치가 사라진다.

### 2.4 반응은 작용과 다른가?

작용과 반응은 방향이 서로 상반된 두 단어이지만, 관찰의 각도가 다를 뿐 반영하는 것은 같다. 더구나 정보가 수신자에게 미치는 작용은 수신자의 반응으로만 계량 가능하다. 예를 들어 보자. 우스개 소리가 청중의 웃음 소리를 유발했다면, 웃음 소리는 청중에 대해 우스개 소리가 가한 작용이라고 말할 수도 있지만, 우스개 소리에 대한 청중의 반응이라고 말할 수도 있다. 누군가가 우스개 소리가 무슨 작용을 했냐고 묻는다면 대답은 아마도 "청중이 웃도록 만들었다."일 것이다. A언어에서 우스개 소리가 웃음을 유발했는데 B언어로 번역한 후에는 웃음을 유발하지 못한다면, 이 번역은 분명 등가 효과를 내지 못한 것이다. 마찬가지로 히브리어 성경이 수많은 사람들을 기독교에 귀의시키는 기능을 했다면 다시 말해 그들이 행동으로 반응을 보이게끔 했는데, 번역된 성경이 이러한 기능을 하지 못한다면 이 번역은 등가 효과를 창출했다고 말할 수 없다. 따라서 Nida가 수신자의 반응을 중요시했다는 점은 이론의 여지가 없다.

게다가 정보가 이끌어내는 작용과 수신자의 느낌을 동일선상에 놓는 Jin Di의 견해는 모순이다. 작용과 느낌 역시 방향이 상반되며, 행동에 있어서의 반응과 느낌에 있어서의(즉 생각에 있어서의) 반응 사이에는 아무런 질적인 차이가 없다.

"진심 어린 악수"라는 번역 방법은 수신자의 반응을 과도하게 강조하였으므로 순수 문학 번역자는 수용할 수 없다는 Jin Di의 발언은, 사실상 그 자신이 등가 이론을 벗어났다는 반증이다. ≪성경≫은 본질적으로 종교 작품이지 문학 작품이 아니기 때문이다. 번역이 원천 텍스트의 텍스트 종류를 바꾸어 버린다면, 무엇을 기준으로 등가를 논한단 말인가?

하지만 이러한 오해에는 Nida의 책임도 있다. ≪성경≫ 번역의 예를 가지고 일반 번역 이론의 한 명제를 증명하면서 Nida는, 이러한 번역 방법을 다른 텍스트에는 적용하지 못할 수도 있으며 결코 유일한 방법론은 아님을 독자에게 일깨우지 않았기 때문이다.

### 2.5 구체적 사실은 얼마나 중요한가?

선교와 무관한 번역 문제에 있어서도 Nida가 구체적인 사실을 소홀히 하는 경향이 있다고 Jin Di는 비판하였다.

Nida는 Tan Zaixi(譚載喜)와의 공저에서 "it is as significant as a game of cricket(이는 크리켓만큼 중요하다)"를 중국어로 "这事如同吃饭一样重要(이 일은 밥 먹는 것만큼 중요하다)"로 번역하는 방법을 제시하였다.(谭载喜, Nida 1987:27) Jin Di는 이에 대해 "크리켓을 밥 먹는 것으로 바꾸는 것이 등가인 상황을 상정하기 어렵다."고 비판하면서, 영국인에게 크리켓이 가지는 의미가 중국인에게 밥 먹는 것이 가지는 의미와 다르기 때문에, "이는 사실상 정보의 주요 정신을 바꾸어 버리는 행위다."라고 하였다.(金隄, 1989:20~21)

그러나 Jin Di의 주장에 나름대로 일리가 있다고 해도, 이 예는 Nida의 이론 활용에 문제가 있었음을 보여줄 뿐, 이론 자체에 문제가 있다는 뜻은 아니다. 영국 문화 속의 크리켓이 중국 문화 속의 밥 먹는 것만큼 중요하다고 해도 구체적인 사실이 이미 바뀌었기 때문에 원천 텍스트 표현의 정신을 훼손했음을 Jin Di가 증명한다고 해도, 이는 구체적인 사실의 중요성을 증명하는 것에 불과하다.

구체적인 사실은 텍스트가 그 작용을 하기 위해 의존하는 핵심적인 요소 중의 하나가 분명하지만, 그 중요성은 텍스트나 맥락에 따라 다르다. 물론 전형적인 정보 텍스트라면 구체적인 사실이 매우 중요하지만, 문학 작품 속에서는 단지 그 진수를 전달하기 위해 도움을 주는 작용만을 할 뿐이며, 비유 가운데는 생략이나 치환 가능한 것이 많다.

Jin Di는 'terrier'라는 단어를 중국어로 번역하는 문제를 거론하면서 비슷한 관점을 보였다. 그는 이 동물의 중국 명칭인 '㹴'이 일반 독자에게는 낯설다고 하였다. 따라서 과학 텍스트라면 'terrier'를 정확하게 번역하고 해석을 덧붙여야 하겠지만, 소설 속에서 어린아이가 'Irish terrier'를 끌고 런던 공원에서 놀고 있다는 묘사를 중국어로 옮길 때 '아일랜드 㹴'이라고 번역한다면 중국 독자는 이를 괴물의 일종이라고 오해할 수도 있다. 따라서 대충 '어린 사냥개' 정도로 옮긴다면 소설 속의 이미지에 오히려 더 근접하게 된다.(金隄 1989:113~114)

Jin Di와 Nida는 다음의 인용문 속에서 심지어 문학 번역자는 원천 텍스트 내용에 너무 충실하지 않아도 된다는 암시를 하기도 하였다.

> 창조성이 매우 큰 문학 작품을 처리할 때에는, [……]스타일 특성을 재현하는 것이 내용에 대한 충실보다 더 중요한 경우가 대부분이다.[……] 번역 작품의 독자는 일반적으로 원천 텍스트와 비교할 능력이 없으며, 원천 텍스트 독자가 어떠한 느낌인가는 추측에 의존할 수 밖에 없지만 그들이 얻고자 하는 것은[……] 원천 텍스트 독자와 같은 느낌이다.(Jin and Nida 1984:98)

세부적인 묘사의 차이는, 특히 장편 문학 작품을 번역할 때에는 여러 가지 요인으로 인해 불가피하다. 가장 '용서받지 못하는' 방식은 번역자의 소홀함으로 인한 오류이다. 예를 들어 한 저명한 번역자는 오스카 와일드의 ≪진지함의 중요성(The Importance of Being Earnest)≫을 번역하면서 Jack의 명함 속의 B.4(Mr Earnest Worthing, B.4, The Albany)(Wilde 1980:12)를 B.A.로 보고는 '학사'로 번역했다.(余光中 1984:33) 물론 그의 부주의를 비판할 수도 있겠지만, 사실상 문학 번역자는 스타일과 분위기를 파악해야 할 뿐 아니라 원작의 예술성까지 주의해야 하는 등 한꺼번에 여러 측면을 고려해야 한다. 따라서 세세한 부분까지 철저하도록 요구하기는 어렵다. 문학 번역 비평은 보다 거시적인 측면에 착안해야 한다. 의식적이든 무의식적이든 약간의 오류가 있더라도, 전반적인 효과를 크게 훼손하지 않는다면 이는 수용 가능하며, 최소한 '관용'의 여지는 있다.

### 2.6 문화 조절은 언제 가능한가?

'Irish terrier'를 '어린 사냥개'로 번역하는 것은, 의미에는 손실이 있어도 소설을 번역할 때 허용 가능한 문화 조절이다. 독자에 대한 고려가 없는 번역자라면 이를 그대로 번역하여 독자가 스스로 사전이나 백과사전을 찾아보도록 만들 것이다. 독자를 고려하기는 하지만 학구적인 측면을 중요시하는 번역자라면 이를 정확하게 번역하면서 각주를 덧붙일 것이다. 이러한 예는 "원천 텍스트와 수신자 언어가 서로 다른 문화를 대표할 때, 번역 과정에서 '자국화(domestination)'할 수 없는 기본 주제나 상황이 많기 마련이지만"(Nida 1964:168), 동태적 등가를 추구하는 번역자는 마음만 먹는다면 문화적 차이를 축소할 수 있는 방법을 얼마든지 찾을 수 있음을 보여준다.

Nida와 Jin Di의 동태적 등가 모델에서는 목표 텍스트의 정보 부하를 조절하여 수신자의 정보 채널 용량에 적응하는 방법이 단 한 가지이다. 언어 속에 가까이 있는 맥락에 내포된 의미를 명료화하는 것이다. 이는 정보의 길이(그림 1과 그림 2처럼)를 증가시킨다. 하지만 이는 단순하고 이상화된 모델이다. 번역의 현실은, 텍스트의 정보 부하가 커졌다 작아졌다 유동적이며(Nida 1964:141~142), 어떤 경우에는 그림 3처럼 원천 텍스트 수신자의 채널 용량을 넘어서기도 한다.

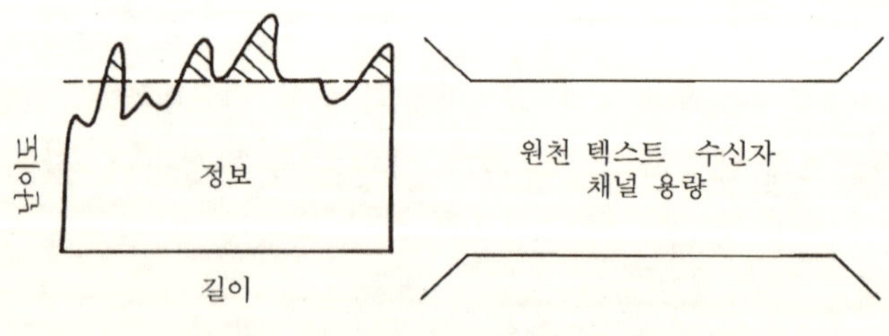


〈그림 3〉 원천 텍스트 정보와 수신자 관계

문화 고유의 특징들이 많이 함유된 텍스트를 '충실'하게만 번역해낸다면, 그 정보 부하는 증가하여 (수신자의 채널 용량이 원천 텍스트 수신자보다 작기에) 그림 4와 같이 나타난다.

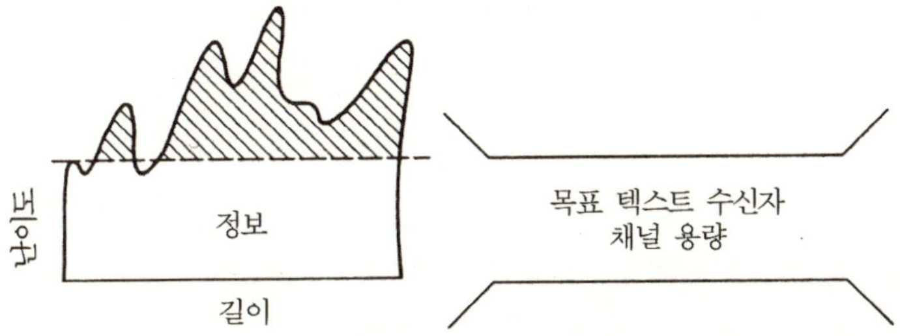


〈그림 4〉 목표 텍스트 정보 부하 조절

하지만 언어 속에 내포된 의미의 명료화 외에도, 번역자는 (최소한 문학 작품을 처리할 때) "책의 전체적인 완결성과 상관 없는 부분"을 첨가, 삭제 및 치환하여(金隄, 1998:63) 위의 그림과 같이 과중한 부하를 보이는 부분을 줄일 수 있다.

하지만 첨가, 삭제 및 치환은 가능하고 또 때로는 유용하지만, 완전한 등가나 최선 또는 유일한 번역 방법이라고 할 수는 없다.

## 3 등가 이론의 진정한 문제점

Jin Di가 지적했듯이, Nida의 공헌은 원천 텍스트와 목표 텍스트의 비교에 머물렀던 관심을 두 의사소통 과정의 비교로 전환하여, 정보 수용에 영향을 미칠 수 있는 언어와 문화 문제를 모두 고려 대상에 포함시켰다는 점이다.(Jin 1997:268) 어떤 상황에서 (1)등가 추구는 필수적이며, 최소한 선택할 만한 원칙이다. (2)등가 이론에는 선구자적인 의미가 있으며 또한 상당한 실천적 의미도 있다. (3)등가를 추구하기 위하여 어느 정도의 자국화(domestication)가 필요하다. (4)서로 다른 용도와 대상에 대해서는 다른 번역본을 만들어야 한다. (5)등가는 달성하기 어렵다.

위의 다섯 번째 명제는 앞의 네 가지를 부정하지 않는다. 오히려 원천 텍스트 시스템과 목표 언어 시스템의 언어 및 문화적인 차이가 클수록 등가에 도달하기가 어려우며 그렇기 때문에 등가 추구가 더욱 의미가 있다고 할 수 있다. Nida가 등가를 강조한 까닭은 성경을 에스키모인, 인디안 및 아프리카 부족 언어로 번역할 때 부딪힌 문제를 해결하기 위해서였다.

하지만 어떤 상황에서 등가 원칙이 유용하다고 증명하는 것이 곧 모든 상황에서 유용하다는 증거가 되지는 않는다. 상품 광고에서 특정 시대나 문화의 독자가 가진 인종 차별 관념에 영합하여 그들의 환심을 샀다면, 평등을 중시하는 문화로 번역할 때 번역 목적은 제품 세일즈이므로 목표 텍스트는 대폭 조절되어, 차별적 요소를 없애고 다른 방법으로 독자의 환심을 사야 한다. 하지만 번역 목적이 원천 텍스트의 세일즈 전략이나 그 문화의 특징을 이해하기 위해 전문가나 학자들에게 연구 자료로 제공하거나 심지어 비판의 소재를 제공하기 위한 것이라면, 직역이 좋을 것이다.

문학 번역과 같이 기능이 여러 가지인 텍스트의 경우, 일반적으로 번역자는 한 부분을 고려하다 보면 다른 부분을 희생할 수 밖에 없다. 어떤 번역자는 목표 텍스트의 오락성과 가독성을 중시하고, 심지어 자신의 번역 작품이 자체적으로 생명력을 가진 목표 언어 문학 작품이 되기를 원하기도 한다. 하지만 번역의 문화 전달 기능을 중시하는 번역자는, 목표 텍스트의 가독성이 떨어져 광범위한 독자들에게 문학 작품으로 수용되기는 어려워도 이를 감수한다. 또한 일부 번역자들은 원천 텍스트와는 완전히 다른 이데올로기 또는 미학적 실천을 위해 문학 번역을 활용하기도 한다. 두 번째와 세 번째의 번역자에게는 등가 이론이 그다지 큰 의미가 없을 것이다.

Nida의 번역 이론은 성경 번역이라는 실천의 귀결이기에, 일반 번역 이론으로서 소개될 때 필연적으로 논쟁을 불러 일으키게 된다. 게다가 Nida의 성경 번역은 하나의 특수한 목적, 즉 선교를 위한 것이었다. 선교를 위해 그는 수신자들에게 이해될 뿐 아니라 그들이 행동으로 반응하도록 만드는 목표 텍스트를 요구하였으며, 이러한 목적을 달성하기 위하여 원천 텍스트에 문화 조절을 포함한 상당한 정도의 조절을 과감하게 가하였다.

선교를 위한 성경 번역에 채택한 원칙과 전략이 다른 텍스트 번역에 그대로 적용될 수는 없다. 또한 문학적 감상이나 학술적 연구와 같은 다른 목적의 성경 번역에도 그대로 적용할 수는 없다.

Nida 본인은 이러한 문제를 의식하지 못한 듯하다. 그의 견해로는 성경 번역 역사가 가장 길고 가장 다양한 언어와 문화 및 다양한 종류의 텍스트와 관련이 있기에, 성경 번역 경험을 다른 모든 분야의 번역에 적용할 수 있다.(Nida 1964:ix) 하지만 성경 속의 다양한 텍스트는 독립적으로 존재한다기 보다는 성경의 일부분이다. 시편을 예로 들면, 성경 번역자는 이를 문학 텍스트가 아닌 종교적 텍스트로 간주하여 번역하기 때문에, 그 번역 전략은 문학 번역자가 시가를 번역할 때와는 다를 수 밖에 없다.

물론 Nida도 다른 텍스트 유형의 번역 문제를 연구한 바 있다. 하지만 선교 번역의 영향은 여전히 컸다. 따라서 Jin Di는 선교와 무관한 문제에 있어도 그가 자유역의 경향을 보였다고 보았다. 하지만 'a game of cricket'을 '밥 먹는 것'으로 번역하는 데 대한 Jin Di의 반론 역시 탁상공론에 불과할 뿐 현실과는 거리가 있다. 이러한 대체 표현이 수용 가능한가는 맥락과 번역 목적에 의해 결정된다. 이러한 번역 방법이 수용 가능하며 심지어 추천할 만한 방법인 상황을 상정할 수 있지만, 모든 상황에서 유일한 또는 가장 좋은 방법으로 볼 수는 없으며, 또한 맥락에 상관 없이 무조건 배척할 방법도 아니다.

Nida는 번역에는 수많은 정의가 가능하다는 점을 인정했지만, 나중에 Taber와 함께 내린 다음과 같은 정의를 보면 선교 목적만을 고려하고 있다. "목표 언어 속에서 재창조될 때 가장 중요한 것은 의미이며, 그 다음으로 스타일 면에서 원천 텍스트 정보와 가장 가깝고 자연스러운 등가 정보가 중요하다.(Nida and Taber 1969:12)" 왜 의미를 스타일보다 중요시했을까? 그 이유는 "성경 번역에서 가장 중요한 것은 정보의 내용(Nida and Taber 1969:13)"이기 때문이다. 그렇다면 성경 번역만 거론할 것이지, 무엇 때문에 번역 일반까지 거론한단 말인가? 다른 목적을 가진 다른 종류의 텍스트 번역이라면, 스타일과 의미가 똑같이 중요하거나 의미보다 스타일이 더 중요한 경우도 있다.

Toury가 지적한 바와 같이 한 이론은 단 한가지 예로 증명될 수는 없으며, 예외가 하나라도 있으면 그 정확성에 큰 의문이 생긴다.(Toury 1995:192)

Jin Di는 Nida의 자유역 편향은 '순수한 번역자' 혹은 '순수 문학 번역 종사자'의 인정을 받을 수 없다고 보고(金隄, 1998:21, 63) Nida의 이론을 수정하여 문화 조절의 폭을 축소하였다. 또한 그는 이렇게 재정의된 등가 이론은 모든 종류의 번역에 적용되어야 한다고 주장하였다. 하지만 수정된 이론이 과연 선교를 목적으로 하는 순수한 성경 번역 종사자의 인정을 받을 것인가는 역시 의문이다.

전술한 바와 같이 번역 연구에 대한 Nida의 태도는 기술론적인 태도에서 처방론적인 태도로의 변화 과정을 거쳤다. 하지만 1990년대가 되자 그의 처방론적인 태도는 크게 완화되었다. 1969년

Taber에게 조절(adaptation)은 적절하지 않다고 했지만, 1993년 그는 ≪Language, Culture, and Translating≫에서 번역에서 조절은 보다 빈번하게 사용되어야 하며, 특히 제3세계에서 그러하다(Nida 1993:127)고 하였다. 1960년대에는 동태적 등가에 대해 한 가지 정의만이 있었지만, 1993년이 되자 그는 목표 텍스트가 어느 정도의 충분성(adequacy)에 도달하는가는 원천 텍스트의 신뢰도, 텍스트 유형, 독자 대상, 목표 텍스트의 용도, 번역 목적 등 다양한 요인에 의해 결정된다고 말했다.(Nida 1993:117) 따라서 기능적 등가(functional equivalence)에 대해서도 두 가지 정의가 있다. 하나는 이 보다 더 낮은 수준의 등가는 수용 불가능한, 가장 낮은 수준의 현실적인 정의로 다음과 같다. "목표 텍스트 독자가 목표 텍스트에 대한 이해를 통해 원천 텍스트 독자가 원천 텍스트를 어떻게 이해하고 감상했는지를 상상할 수 있어야 한다." 또 하나, 가장 높은 수준의 이상적인 정의는 미학적 가치가 극단적으로 떨어지는 텍스트일 경우에만 도달할 수 있는데, "목표 텍스트 독자가 원천 텍스트 독자와 기본적으로 같은 방식으로 목표 텍스트를 이해하고 감상할 수 있어야 한다."(Nida 1993:118) 후자가 기존의 정의이다.

하지만 Nida는 여전히 어떠한 상황이든 기능적 등가의 정도는 높을수록 좋다고 보았다. 이는 번역의 실제 수요에 부합하지 않는다. 사실상 Nida의 두 가지 정의는 Nord의 기록적 번역과 도구적 번역의 정의와 매우 유사하다.(제3장 참고) 하지만 기록적 번역을 할 때에는 등가를 추구하지 않는 것이 가장 좋은 전략이다.

결국 Nida 이론의 진정한 문제는 번역의 목적 등 사회 문화적 요인을 소홀히 하고, 기술보다는 처방을 과도하게 중시한 것이다. 물론 처방론적 색채가 Newmark나 Jin di에 비하면 훨씬 옅은 편이고 나중에 어느 정도 완화되기는 했지만, 그 원인은 Snell-Hornby

가 지적한 바와 같다. "이론가는 모든 번역을 포괄적으로 다루고자 시도하지만 사실 그들은 특정 범위의, 게다가 매우 작은 범위의 번역을 다루고 있을 따름이다."(Snell-Hornby 1995:14)

번역자는 전통의 압력을 필연적으로 짊어진다고 Nida(Nida 1964:179)는 말했다.

> 문학 전통을 가진 언어를 목표 언어로 하는 번역자는 오로지 자신의 의지에 따라 번역할 수 없다. 어느 번역본이 '충실'하고 '정확'하거나 또는 '의미가 통한다'고 수신자가 말할 때, 이를 결정하는 것은 대체로 역사적 배경이다. 게다가 모든 언어 집단은 그 문학사의 시기마다 서로 다른 번역 취향을 갖고 있으며, 당시 사람들이 수용하도록 번역하려면 번역자는 이를 고려해야만 한다.

따라서 Nida든 Jin Di든 그 번역 이론은 결국 문화 전통과 취향에 의해 결정될 뿐, 영원한 진리가 될 수 없다.

# 02 Newmark 번역 이론

등가 원칙을 모든 종류의 번역에 응용하는 것에 동의하지 않았던 Peter Newmark는, 각 유형의 텍스트에는 서로 다른 번역 방법이 있어야 한다고 보았다. 그가 제시한 이론은 세 가지 텍스트와 두 가지 번역 방법으로 정리된다. Newmark의 이론은 Nida 이론의 편향을 수정한 부분도 있지만 근본적은 문제 해결은 아니었으며, 또한 새로운 문제를 수반하였다.

## 1 Newmark 이론 소개

### 1.1 언어 기능과 텍스트 유형

번역 수요를 고려할 때, 텍스트 유형을 내용에 따라 분류하기보다는(문학, 기관, 기술 등) 언어의 기능 즉 언어 사용의 목적에 따라 구분하는 편이 낫다고 Newmark는 보았다.(Newmark 1981:12; 1988:39,44)

Jakobson이 수정한 Bühler의 언어 이론에 따라, Newmark는 스스로 보완한 텍스트 분류법을 제시하였다.

**(1) 표현적 기능(expressive function)**

표현적 기능의 핵심은 연사와 저자 즉 발화자 마음 속의 생각이다. 발화자는 담화를 통해 감정을 표현하고자 할 뿐 반응은 고려하지 않는다. 번역의 각도에서 볼 때 전형적인 표현적 텍스트는 다음과 같다.

① 서정시, 단편소설, 장편소설, 희곡과 같은 순수하고 상상력이 풍부한 문학.

② 다양한 장르의 권위 있는 텍스트. 그 권위는 저자의 지위와 공신력 또는 언어 능력에서 나온다. 예를 들어 정부 고관이나 정당 지도자의 연설과 성명, 법률 조례 및 문서, 권위 있는 인물이 쓴 과학, 철학, '학술적' 저작 등이 있다.

③ 직접적인 독자층이 없는 자서전, 산문, 사적 서신 등.

**(2) 정보적 기능(informative function)**

정보적 기능의 핵심은 외부의 상황 즉 언어 외의 현실로서, 보도된 견해와 이론을 포함한다. 정보적 텍스트는 일반적으로 고정된 형식이 있으며, 예로는 교과서, 기술 보고서, 보도문, 과학 논문, 졸업 논문, 회의 기록과 어젠다 등이 있다. 주의할 것은 이러한 텍스트는 의미가 통하지 않거나 내용이 확실하지 않은 경우가 많기 때문에, 번역자는 이를 수정하고 개선할 책임이 있다.

**(3) 호소적 기능(vocative function)**

호소적 기능의 핵심은 독자 또는 담화 수신자다. 소위 '호소'란 독자의 행동, 사고 또는 느낌에 호소하는 것으로, 텍스트의 의도에 따라 '반응하도록 만드는' 것이다. 호소적 텍스트는 통지문, 지시문, 광고 선전, 권유문(호소, 고소), 심지어 자신의 이익을 위해 독자에 영합하는 통속 소설도 포함한다.[5)]

**(4) 미학적 기능(aesthetic function)**

즉 미적 감정을 얻도록 만드는 언어로서, 사용하는 수단은 첫째 음성, 둘째 비유이다. 이 밖에 구절이나 단어의 운율, 균형 및 대비 역시 역할을 한다. 심미적 기능은 대부분의 텍스트에 존재하지만 특히 시가, 동요 및 일부 광고 선전 등에 빠질 수 없다.

**(5) 친교적 기능(phatic function)**

친교적 언어는 담화 수신자에게 정보를 전달하기 위한 것이 아니라 좋은 관계를 유지하기 위한 것이다. 친교어는 문화에 따라 다르기 때문에 표준적인 등가어로 번역해야 한다.

**(6) 메타언어적 기능(metalingual function)**

언어로 언어의 특징을 해석하고 표현하며 비판하는 것이다.

이상의 여섯 가지 텍스트 유형 가운데 중요한 것은 앞의 세 가지이다. 하지만 텍스트 유형을 뚜렷하게 하기는 어려워 오로지 호소적 기능만을 가지거나 정보적 또는 표현적 기능만을 가지는 경우는 거의 없고 대부분 정도는 다르지만 세 가지 기능을 모두 갖는다. 예를 들어 문학 예술에는 우화가 어느 정도 포함되기 마련

5) 1981년 분류법에서는 '통속 문학'도 포함하였다.(Newmark 1981:15)

이기에, 순수 문학도 소통적 기능을 갖는다. 하지만 이러한 우화는 단순하고 직접적이기 보다는 텍스트에 녹아 들어가 있는 일부분이기에, 진지하게 읽고자 하는 사람에게만 전달된다. 하지만 엄격히 말해, 정보적 및 호소적 텍스트에는 표현적 기능이 있어서는 안 되며, 만약 표현적 기능이 있다면 무의식적인 것이다. 정보적 텍스트에는 대부분 호소적 요소가 있다. 따라서 텍스트는 단순한 정보만 있거나 완전히 객관적인 경우가 거의 없다. 표현적 텍스트의 경우 일반적으로 정보를 포함하고, 호소적 요소도 다소 있을 수 있다. 하지만 평론가와 번역자는 이에 대해 서로 다른 견해를 보인다.(Newmark 1988:39~44; 1981:45, 69)

Newmark는 또한 표현적 텍스트 특히 시가를 번역할 때, 표현적 기능과 심미적 기능은 충돌하는 경우가 있다고 지적하였다.(Newmark 1988:42) 이러한 충돌을 어떻게 해결하는가에 대해서 그의 관점은 시기에 따라 변화를 보인다. 1981년에는 원천 텍스트에 심미적 요소가 있을 경우 목표 텍스트에서 반드시 유지해야 한다고 말하였다.(Newmark 1981:65) 하지만 1988년에는 넌센스시(nonsense poetry)의 음운은 의미보다 중요하며, 또한 동요와 예술을 위한 예술인 문학 속에서 '미'는 '진실'보다 중요하다고 말했다. 하지만 그는 또한 다른 표현적 텍스트에서는 표현적 기능이 심미적 기능보다 중요하다고 했으며, 목표 텍스트가 '괴상'해지면 텍스트 의도는 실패할 수 밖에 없다고 하였다.(Newmark 1988:42~43)

### 1.2 번역 방법

Newmark는 원천 텍스트를 가장 중요시하는 번역 방법부터 목표 언어를 가장 중요시하는 번역 방법까지 8가지로 번역 방법을 분류하였다. 단어 對 단어 번역(Word-for-word translation), 직역(Literal translation), 충실한 번역(Faithful translation), 어의적 번역(Semantic translation), 소통적 번역(Communicative translation), 관용적 번역(Idiomatic translation), 의역(Free translation), 번안(Adaptation)이 그것이다. 하지만 의역(즉 원천 텍스트 의미를 재현할 뿐 원천 텍스트 스타일을 무시하는 것, 원천 텍스트 내용을 취하고 원천 텍스트 형식을 버리는 것, 대부분 길이가 원천 텍스트보다 긴 번역)은 이미 '근본적으로 번역이 아니며', 어의적 번역과 소통적 번역만이 번역의 두 가지 목표 즉 정확(accuracy)하고 경제적(economy)이어야 한다는 목표에 도달할 수 있다. 어의적 번역은 표현적 텍스트에, 소통적 번역은 정보 및 호소적 텍스트에 사용된다.(Newmark 1988:45~50)

1981년 Newmark는 어의적 번역과 소통적 번역에 대해 각각 "목표 언어의 의미와 문법 구조가 허용하는 범위 안에서 최대한 원천 텍스트의 정확한 맥락 의미를 옮기는 것"과 "목표 텍스트 독자에 대한 효과를 원천 텍스트 독자에 대한 효과와 최대한 가깝게 만드는 것"으로 정의하였다.(Newmark 1981:39) 1988년이 되자 본래 어의적 번역에 가했던 정의를 원천 텍스트를 더 중시하는 충실한 번역으로 옮겼다. "충실한 번역은 목표 언어의 어법 구조의 제약 속에서 원천 텍스트의 정확한 맥락 의미를 옮기는 것"이며, 어의적 번역은 충실한 번역과 한 가지가 다른데, 바로 "원천 텍스트의 심미적 가치를 더 고려한다 (Newmark 1988:46)"는 점이다. 소통적 번역에 대한 새로운 정의는 "원천 텍스트의 정확한 맥락 의미를 옮기면서, 내용과 언어가 모두 독자가 받아들이고 이해하기 쉽도록 만드는 것(Newmark 1988:46)"이었다. 여기서 어의적 번역과 소통적 번역의 차이를 크게 축소하였음을 알 수 있다. 사실 적절한 번역의 범위와 정의를 축소하는 것이야 말로 Newmark가 의도한 바였다.(Newmark 1981:53 참고)

이 두 가지 번역 방법을 비교하면서 Newmark는 다음과 같이 말했다. 표현적 텍스트의 지위는 '신성'한 것이며, 번역자가 쫓아야 하는 유일하고 분명한 권위는 바로 원저자이며, 원천 텍스트의 문화적 요소는 오류거나 또는 그다지 잘 쓰이지 못한 것이라도 종종 남겨두어야 하며 번역자는 고칠 권리가 없다. 하지만 어의적 번역의 경우 인지 및 화용의 양 측면에서 손실이 있을 수 있기에 원천 텍스트보다 수준이 낮은 경우가 대부분이다. 정보적 및 호소적 텍스트의 경우, 원저자의 지위는 별로 중요하지 않기에 번역자가 따라야 할 대상은 가상적이고 경계가 불분명한 독자층이므로 자유가 크게 허용된다. 정보적 텍스트를 번역할 때는 문화적으로 중립적인 단어를 사용하여 원천 텍스트의 문화적 요소를 해석할 수 있으며, 호소적 텍스트를 번역할 때는 문화적인 등가어로 이를 대체하는 경우가 종종 있다. 또한 소통적 번역의 번역자는 원천 텍스트보다 더 잘 쓰려고 하기 때문에, 원천 텍스트의 수준이 낮거나 부정확하거나 명확하지 않은 점을 개선한다. 따라서 의미와 내용적으로는 손실이 있을 수 있지만 목표 텍스트가 원천 텍스트보다 더 힘있고 명료하기 때문에 전반적으로 더 우수하다. 따라서 어의적 번역보다 등가 효과를 달성하기가 더 쉽다.(Newmark 1981:42; 1988:47~29)

하지만 Newmark는 또한 번역 방법을 완전하게 분류할 수는 없다고 강조하였다. 텍스트가 전달하는 정보에 문화적 특수성이 없고 내용이 스타일만큼이나 중요하다면, 어의적 번역과 소통적 번역이 중첩될 수 있다. 특히 가장 중요한 종교, 과학, 예술, 철학 텍스트를 같은 배경 지식과 흥미를 가진 독자를 대상으로 번역할 때 그러하다. 이 밖에 하나의 텍스트를 처리할 때 어떤 부분의 경우 어의적 번역이 필수적이지만 다른 부분은 소통적 번역이 필수적일 수도 있으므로, 무조건 한 텍스트에는 둘 중에 한 가지만 적용되는 것은 아니다. 심지어 한 부분 또는 문장을 처리할 때도 어의적 번역에 기울 수도 소통적 번역에 기울 수도 있다.(Newmark 1981:40) 다시 말해 텍스트 종류에 따라 무조건 상응하는 번역 방법을 적용해야 하는 것은 아니다.

## 2 Newmark의 논리적인 문제

간단히 살펴본 바와 같이, Newmark 이론은 Nida에 비해 첫째, 한 텍스트가 아닌 여러 텍스트에 대한 관찰에 근거하고 있어 보다 넓은 시야를 갖는다. 둘째, 번역의 수요에 비교적 적합한 텍스트 분류법을 제시하였으며 각각의 텍스트에 대해 서로 다른 번역 방법을 제시하여 활용 범위가 큰 편이다. 셋째, 다른 번역 이론처럼 고전적인 텍스트 번역에만 국한하여 원천 텍스트를 완전한 것으로 가정하지 않고, 번역의 실제 상황에서 출발하여 번역자에게 정보적 및 호소적 텍스트의 결함을 개선할 권리와 의무를 지적하였다는 점에서 한 걸음 나아갔다.

그의 이론은 다음과 같은 명시적인 또는 함축적인 논리에 기초하고 있다.

(1) 텍스트는 언어 기능에 따라 분류할 수 있다.

(2) 텍스트 기능과 유형은 텍스트의 내재적인 특징 및 텍스트 제작 시의 메타 텍스트 요인(저자의 지위나 의도 등)에 따

라 결정되는 것으로, 일단 결정되면 고정 불변이다.

(3) 번역 분류법과 텍스트 분류법은 대응관계에 있다.

(4) 원천 텍스트 유형이 번역 방법을 결정한다.

이 네 가지 논리가 모두 성립한다면 Newmark의 이론은 모든 종류의 번역에 적용 가능할 것이다. 하지만 하나라도 성립하지 않는다면 전체 이론이 설 자리를 잃게 된다. 사실상 첫 번째를 제외한 세 가지 논리는 성립하지 않으며 첫 번째 역시 문제가 많다. 구체적으로 살펴보면 다음과 같다.

### 2.1 언어 기능과 텍스트의 분류

Newmark는 텍스트 유형이 뚜렷하게 나뉘어져 있다기 보다는 각각 보다 중요시하는 특성이 있을 뿐이며, 각 텍스트는 하나의 연속체(continuum)을 이룬다고 말했다.(Newmark 1981:13) 하지만 문제는 이렇게 단순하지 않다.

사실상 Jakobson의 여섯 가지 언어 기능은 때때로 중첩하여 나타나기도 하여 심지어 서로 불가분의 관계를 맺기도 한다. 예를 들어 "너를 사랑해"와 "네가 미워"와 같은 말은 표현적 기능(마음속의 감정을 표현하는), 정보적 기능(마음속의 감정을 상대방에게 말하는) 외에도 강렬한 호소 의도가 있는 경우가 많다. 상대방의 감정 나아가 행동 측면의 반응을 불러일으키려는 의도가 있기 때문이다. 결국 말 한 마디에 세 가지 기능이 모두 존재한다.

또한 이 뿐 아니라, 한 기능이 다른 기능을 담는 경우도 있다. 콜레리지(Coleridge)의 장편시 '늙은 어부의 노래(The Rime of the Ancient Mariner)'의 두 행을 보자.

The fair breeze blew, the white foam flew,
The furrow followed free;

여기에서 /f, l, r/의 몇 가지 음운이 표현하는 바다의 느낌은 시의 의미적 내용보다 훨씬 생동감을 발휘한다. 이는 미학적 기능이 정보적 기능을 담은 경우이다. 다시 오스카 와일드의 '윈더미어경 부인의 부채'의 한 구절을 보자.

Oh! Go-go out of this house, with head erect, with a smile upon your lips, with courage in yours eyes. (Wilde 1979:38)

평행 구조로 이루어진 리듬이 이 구절을 보다 정감 넘치고 설득력 있게 만들고 있다. 이러한 예를 통해서 정보, 표현, 호소의 기능은 때때로 미학적 기능을 통해 달성됨을 알 수 있다.

따라서 언어 기능 간의 관계는 상호 보완적이어서, 서로 대립하거나 반비례하지 않는다. 오히려 여러 기능이 병행되기도 하고 서로 상승 작용을 하기도 한다. 따라서 각 언어 기능은 스펙트럼과 같은 점진적인 연속체를 구성하지 않는다.

마찬가지로 텍스트도 분류하기가 어려운 경우가 많다. 법률의 경우 Newmark는 표현적 텍스트로 분류했다. 법률의 주요 역할의 하나는 어떤 행위가 용납되지 않으며 어떤 처벌을 받게 되는 지를 규정하는 데 있기 때문에, 법률 조문의 표현적 기능은 꽤 강력하다. 하지만 입법자나 통치자는 모든 사람이 법률을 준수하기를 희망하기 때문에, 처벌에만 의존하여 사회 질서를 유지하지는 않는다. 따라서 법률 조문은 어느 정도의 호소적 기능이 있어야 한다. Newmark는 ≪성경≫이 표현적 텍스트에 속한다고 생각하였기에,

≪성경≫의 수많은 비유를 포기한 Nida를 비판하였다.(Newmark 1981:51) ≪성경≫은 물론 기독교의 신성한 경전이지만, 기독교도와 비기독교들에게 교의를 전파하여 그들의 생각과 행동을 규정하고자 하는 중요한 도구이기도 하기에 또한 호소적 텍스트이기도 하다.

문학을 '순수-표현'과 '통속-호소'로 분류한 방법은 더욱 문제가 심각하다. 일반적으로 제임스 조이스(Jame Joyce)의 ≪율리시즈≫는 통속적이지 않은 순수 텍스트로, 코난 도일의 탐정 소설은 그다지 순수하지 않은 통속적인 텍스트로 인식된다. 하지만 세익스피어, 디킨스, 심지어 오스카 와일드의 주요 작품까지 순수하면서 또한 통속적인 작품도 많다. 여기서 말하는 '통속(popular)'은 첫째 대중성으로, 그들의 작품은 영어권 및 기타 언어권에서 널리 읽히고 있다. 둘째는 오락성을 말하는데, 작가들은 창작을 할 때 오락적 고려를 하지 않을 수 없다. 만약에 오스카 와일드의 부인이 부호의 딸이었다면, 그는 아마도 '원더미어경 부인의 부채(Lady Windenmerer's Fan)'나 다른 세 편의 희극을 쓰지 않았을 지 모르며, 디킨스의 소설이 대부분 장편인 까닭은 글자수에 따라 보수를 받았기 때문이다. 세익스피어조차도 입장료 수입을 고려해야만 했으며, 그렇지 않았다면 그의 공연팀은 유지될 수 없었을 것이다.

이러한 작가들의 작품은 반드시 '순수-통속'이라는 연속체의 중간에 놓이는 것은 아니다. 어떤 작품의 경우 다른 작품보다 조금 더 순수하거나 혹은 조금 더 통속적일 수도 있다는 점은 상상이 가능하다. 예를 들어 디킨스를 우드하우스(P. G. Wodehouse)와 비교한다면, 아마도 그럴 것이다. 사실 '순수'와 '통속'은 대립적인 개념이 아닐 수도 있다.

문학을 '표현'적 텍스트로 분류하면서 Newmark는 '순수함(serious)' 외에도 '상상력이 풍부한(imaginative)'이라는 조건을 덧붙여, 문제가 더욱 복잡해졌다.6) 첫째, 상상력이 있는가는 '순수함' 여부보다도 더 객관성이 결여된 기준이다. 이에 대해서는 주관적인 가치 판단에 의존할 수 밖에 없는데, 누가 이러한 판단을 할 자격이 있을까? 둘째, '순수함'과 '상상력 풍부'는 공생 관계가 아니다. 한 작품이 '순수'하지만 '상상력이 풍부'하지 못하거나 혹은 '상상력은 풍부'하지만 '순수'하지 못한 작품이라고 판단되면, 이를 통속 문학으로 분류해야 할까? 만약 이 작품이 통속적이지도 않다면 어디에 넣어야 한단 말인가?

Newmark는 "엄격히 말해, 정보적 및 호소적 텍스트에는 표현적 기능이 있어서는 안 되며, 있다면 무의식적인 것이다."라고 보았지만, 이 말은 지나치게 절대적이며 또한 약간 유치한 감이 있다. 자신의 이익과 독자들의 흥미에 영합한다고 간주되는 대부분의 통속 소설은 사실 작가의 이데올로기를 노출하고 있다. 예를 들어 왕숴(王朔)의 소설은 "정치를 비웃고 꾸짖고 있다"고 평가되어 '반동'적인 작품으로 판금 조치되었다.(〈明報〉 1996) 1960년대 중국의 일부 여성 작가가 쓴 묘사 위주의 소설의 경우, 그 내용 자체가 주로 이데올로기에 대한 도전이었기에 출판되지 못 하였다. 소위 통속 소설 가운데에도 뚜렷한 개인적 스타일을 가지는 경우가 있으며, 이러한 스타일 역시 이데올로기의 산물이다. 신문 보도의 경우 소재 선택이나 시각에서 용어 선택까지 언론사의 관점과 입장을 반영하고 있으며, 중국 신문은 더욱 그러하다. 이러한 표현적 요소는 완전히 무의식적이라고 할 수 없다.

---

6) Newmark가 쓴 'imaginative'라는 표현은 아마도 '허구'라는 의미일 수도 있다. 하지만 그렇다고 해도 이 표현은 사족의 감이 없지 않다.

따라서 언어 기능과 텍스트 유형은 모두 점진적인 연속체를 이루지 않는다.

### 2.2 텍스트 유형은 고정 불변이 아니다

Newmark는 마치 객관적인 기준이 있어 분명하게 구분할 수 있으며 고정불변인 것처럼, 순수 문학과 통속 문학을 거론하였다. 하지만 무엇을 '순수'하다고 하고, 무엇을 '통속'적이라고 하는가는 문학 가치의 문제로서 주관적인 가치 판단과 직결되며, 가치 판단은 필연적으로 문화적 특수성을 갖는다. 다시 말해 한 시대에 '순수'한 작품으로 인식되었던 텍스트가 다른 시대에는 '통속'적인 작품으로 간주될 수 있으며, 그 역도 마찬가지이다. 예를 들어 출판 당시 통치 계급에 의해 '음란한 서적'으로 낙인 찍혔던 ≪홍루몽≫은 가장 '통속'적인 작품으로 간주되었다고 볼 수 있다. 하지만 '5·4운동' 당시 주류 문학 평론계에서는 이를 자연주의적인 애정 소설로 평가하였고, 1949년 이후에는 중국 정부에 의해 반봉건적인 역사소설로 치켜세워졌으니, '순수'의 수준이 인플레이션을 거듭한 셈이다. 조나단 스위프트(Jonathan Swift)의 ≪걸리버 여행기(Gulliver's Travels)≫는 창작 당시는 순수한 풍자 문학이었지만, 문화 환경의 변화에 따라 현대 사회에서는 영국뿐 아니라 다른 나라에서도 풍자 기능을 이미 상실하여, 일반 독자들은 이를 오락성이 매우 큰 통속 소설로 본다.(Nord 1997:51) 단지 전문적인 독자들만이 이를 아직도 풍자 소설로서 연구할 따름이다.

다시 세익스피어의 작품을 보면, 처음에는 아마도 순수하면서도 통속적인 작품이었을 것이다. 하지만 영어의 변화와 문화적 감수성의 변화에 따라 그 통속성은 이제 크게 감소되었으며, 반대로 순수함은 저자의 지위에 비례하여 커졌다.

Newmark의 '순수 문학'과 '통속 문학'의 구별은 사실상 '정전(canonized literature)'과 '비정전(noncanonized literature)'의 구별과 상당히 비슷하다. 전통적인 문학 비평 역시 '정전'과 '비정전'의 구별은 작품의 내재적인 특징에 의해 결정된다고 본다. 하지만 Lefevere의 말처럼, 문학 작품이 호평을 받아 후세까지 전해지는가 여부에 대한 소위 '내재적인 가치'의 역할이 일반적으로 상상하는 만큼 크지는 않다.(Lefevere 1992:1) 상술한 작품의 경우 그 내재적 특징이나 가치는 전혀 변화가 없었으며, 변한 것은 단지 주류 이데올로기와 문학사조이다.

'정전'은 어떤 특징이 본질적으로 '정전'적이라는 의미이고, '정전화(canonization)'는 정전의 지위가 소재 '자체'가 본래부터 가지고 있던 특성이 아니라 어떤 행위 또는 활동이 소재에 작용한 결과임을 나타내므로, '정전'이라는 용어를 버리고 '정전화'라고 해야 한다고 이븐-조하(2002:25)는 주장하였다.

> 문학에서 어떤 특성이 정전화되는 반면 다른 특성은 정전화되지 않는다. 이러한 관점에 따라 소위 '정전화'는 한 문화 속에서 통치 계급이 정통적인 문학 규범과 작품(모델과 텍스트 포함)으로 간주함을 의미한다. 가장 훌륭한 작품은 사회에서 보존되어 역사 유산의 일부분이 된다. 하지만 소위 '비정전화'란 이 계층에 의해 정통 규범과 작품으로 간주되지 않음을 의미하며, 그 작품은 일반적으로 (그 지위에 변화가 없는 한) 결국 사회에 의해 잊혀진다. 따라서 정전성(canonicity)은 텍스트가 어떤 층위에서 보여주는 내재적인 특징이 아니며, 또한 문학의 '우열'을 판단하는 완곡한 단어도 아니다. 한 시대에 어떤 특징은 가끔 특수한 지위를 갖지만, 이러한 특징의 '본질'이 이러한 지위를 갖도록 필연적으로 결정한다는 의미는 아니다. 어떤 시대의 문화 속에서 이러한 차이를 우열의 구분으로 볼 수

도 있겠지만, 역사학자는 이를 한 시대를 대표하는 규범의 증거로 볼 뿐이다. (Even-Zohar 2002:21)

문학 작품의 정전적 지위는 시대에 따라 변하며, 비문학 작품 역시 이러한 가능성이 있다. 예를 들어 그다지 유명하지 않은 사람이 쓴 과학 논문을 Newmark는 정보적 텍스트로 분류하였지만, 그 저자가 하루 아침에 권위 있는 인물이 된다면, 그가 명성을 얻기 전에 쓴 과학 저작 역시 그가 명성을 얻은 후의 작품과 마찬가지로 권위있는(즉 표현적) 텍스트로 간주된다.

작품은 시대에 따라 텍스트 유형이 변화할 뿐 아니라, 서로 다른 문화 속에서 발휘하는 기능 또는 차지하는 지위도 다르다. Lefevere는 "자신의 문화 속에 1차적 지위를 차지하는 텍스트가 다른 문화 속에서는 같은 지위를 영원히 차지하지 못할 수도 있다."(Lefevere 1992:87)고 하였다. 사실상 주변적인 텍스트 역시 마찬가지이다. 차오쉐진(曹雪芹)과 라오서(老舍)의 작품은 현대 중국 문학사상 정전으로 평가되지만 외국 번역자가 보기에는 그만큼 '신성불가침'하지 않을 수도 있다. 셜록 홈즈 시리즈는 원산지인 영국에서는 줄곧 통속 문학으로 간주되었으나, 청나라 말기 중화민국 초기의 중국에서는 일부 번역자들에 의해 법치 제도를 선전하는 도구로 간주되어 순수 문학의 성격을 띠게 되었다. 오스카 와일드의 사회 문제를 다룬 희곡은 당시 영국에서는 그다지 큰 사회적 영향력이 없었지만, 중국에서는 남녀 평등을 추진하는 도구로 사용되었다.

따라서 Newmark의 텍스트 분류법을 응용할 때 두 가지를 주의해야 한다. 첫째, 텍스트 유형의 결정은 원천 텍스트 문화에 속하는 기존의 권위 있는 평론에만 근거해서는 안 되며, 번역할 때의 문화 요인을 참고해야 한다. 특히 목표 언어 문화의 내부적인 특징과 원천 텍스트 문화와 목표 언어 문화와의 권력 관계, 심지어 번역의 목적까지 고려해야 한다. 둘째, 서로 다른 시대와 문화 속에서 하나의 텍스트는 서로 다른 지위를 가질 수 있으므로, 하나의 기준으로 서로 다른 시대와 문화 속에서 만들어진 번역본을 비교할 수 없다. 따라서 상술한 요소를 참고하여 각각의 번역본에 서로 다른 기준을 만들어야 한다.

### 2.3 Newmark의 텍스트 분류법과 번역 분류법에는 필연적인 대응 관계가 없다

Newmark의 번역 방법 분류법은 상당히 세부적이라는 면에서 특징적이지만, 그는 이 가운데 두 가지 방법에만 관심을 기울였다. 게다가 분류의 기본 원칙은 일반적인 번역의 이분법(직역-의역, 형태적 등가-동태적 등가, 충실성-수용성)과 마찬가지로, 원천 텍스트의 의미와 구조에 얼마나 충실한가를 기준으로 분류한 것이다. 따라서 Newmark의 8가지 번역 방법은 점진적인 연속체를 이룬다.

Newmark에 따르면 표현적 텍스트는 어의적 번역 방법을, 정보적 및 호소적 텍스트는 소통적 번역 방법을 사용한다. 서구 문화 속에서 번역에 대한 사람들의 기대를 반영한 이러한 번역 방법에는 어느 정도 지침서적인 의미가 있다. 하지만 문제는 이 두 분류법 사이에 필연적인 대응 관계가 없다는 것이다. 이론적으로 볼 때 Newmark의 텍스트 유형은 점진적인 연속체를 이루지 않는데, 번역 방법은 점진적인 연속체를 이룬다. 따라서 두 분류법이 같은 구조가 아니기 때문에, 각각의 번역 방법을 텍스트 유형에 하나씩 적용할 수 없다. 위에서 지적한 바와 같이, 어떤 문학 작품이 다른 것보다 더 순수하면서 동시에 더 통속적일 수도 있다. 또한 어떤 텍스트의 경우 표현적 요소와 호소적 요소가 다른 텍스트보다 항상 많을 수도 있는데, 무엇을 근거로 번역 방법을 결정한단 말인가?

실천적인 의미로 볼 때도 어떤 작품에 대하여 번역자가 특정 태도를 취하여 특정 번역 방법을 적용한다면, 이 때 결정적인 요인은 원천 텍스트가 '순수'한가 아니면 '통속'적인가가 아니라, 번역자 마음 속에 원천 텍스트가 가지는 지위이다. 예를 들어 한 번역자가 디킨스의 작품은 어의적 번역 방법으로 번역하고 우드하우스의 작품은 소통적 번역 방법으로 번역한다면, 그 원인을 미루어 짐작해 보면 전자의 문학적 지위가 후자보다 높기 때문이지, 전자가 '순수'하고 후자가 '통속'적이어서는 아닐 것이다. 예를 들어 보자. 홍콩의 한 평범한 사람이 인생과 세상사에 대한 자신의 견해를 포함한 건강 비법에 관한 책을 썼는데, 내용에 건강 처방도 약간 포함되었다. 출판한 후 그는 번역 회사에 자신의 책을 영어로 번역해 달라고 의뢰하였다. 이 작품은 표현적 텍스트에 속할까? 하지만 번역자의 마음 속에서 그다지 높은 지위를 차지하지 못했기에, 그들은 목표 텍스트의 자연스러움을 중시하면서 원천 텍스트의 언어적 특징은 그다지 고려하지 않았다. 즉 소통적 번역 방법을 사용한 것이다. 하지만 이론가가 번역자에게 어의적 번역 방법으로 바꾸라고 요구할 필요는 없어 보인다.

번역자 마음 속에 원천 텍스트가 갖는 지위를 결정하는 요인은 주로 세 가지이다. 첫째 원천 텍스트 문화 속에서 원천 텍스트가 차지하는 지위. 둘째 목표 언어 문화가 원천 텍스트 문화에 상대적으로 갖는 지위 또는 자기 이미지(Lefevere 1992:87). 셋째 번역자 자신 또는 목표 언어 문화의 이데올로기와 문학사조다.

Even-Zohar는 한 문학이 여전히 '유치'한 단계일 때 또는 주변적(peripheral)이거나 취약할(weak) 때 또는 위기나 진공 상태가 출현할 때, 번역 문학은 그 사회에서 1차적 지위(primary position)를 차지하며, 번역자는 충분성(adequacy) 위주의 번역 전략을 취한다고 하였다.(Even-Zohar 1990:46~51) 사실 이 세 가지 상황은 모두 목표 언어 문화의 지위가 원천 텍스트 문화보다 낮거나 또는 목표 언어 문화에 속한 사람들이 자신의 문화가 어떤 측면에서 원천 텍스트 문화에 '미치지 못한다'고 인식하는 경우이다. 예를 들어, 비정전을 포함한 러시아, 영국, 프랑스의 작품은 중국 번역자의 마음 속에 제3세계 국가의 작품보다 높은 지위를 차지하며, 대부분의 시기에 중국의 번역 문학을 독점하였다. 그래서 중국의 주류 번역 규범은 루쉰(魯迅)이후 항상 충분성 편향을 보였다. 반대로 강력한 문화는 취약한 문화의 정전화된 작품조차 수용성 또는 자국화 편향을 보인다. 예를 들어 이반 킹(Evan King)은 라오서의 '이혼'을 번역할 때 모든 사람이 원하는 '재결합'으로 끝맺음으로써 널리 환영을 받았다.

한편 주로 이데올로기와 문학사조의 영향으로 1950년대에서 70년대까지 중국에서는, 강력한 원천 텍스트 문화 속에서 정전화된 지위를 누리는 수많은 모더니즘 및 포스트모더니즘 작품이 줄곧 배척당했다.(査明建 2003) 반대로 원천 텍스트 문화 속에서는 2차적 지위를 가진 ≪등에(The Gadfly)≫는 정전으로 간주되었다.

따라서 번역 방법과 관계가 긴밀한 텍스트 분류 원칙을 찾는다면, 텍스트의 권위에 따른 분류를 고려할 수 있다. 먼저, 권위와 비권위 텍스트라는 양 극단 간에 점진적인 연속체가 존재하므로, 이러한 분류법과 번역 방법 분류법은 같은 구조가 된다. 둘째, 번역자가 어떤 번역 방법을 채택하는가는 원천 텍스트의 권위와 어느 정도 관련이 있다. 하지만 여기서 권위란 목표 언어 문화 속에서 원천 텍스트가 갖는 권위이지 원천 텍스트 문화 속의 그것이 아니며, 심지어 번역자 마음 속에 있는 권위인 경우도 있다. 하지만 이러한 분류법조차 번역 방법과 필연적인 대응 관계를 갖지는 못한다.

### 2.4 번역 방법은 원천 텍스트 유형에 의해서만 결정되지 않는다

Newmark가 원천 텍스트 유형에 근거하여 번역 방법을 결정한 배후에는, 환경의 변화와 문화의 차이는 텍스트 유형이나 기능을 변화시킬 수 없고 변화시켜서는 안 된다는 가설이 존재한다. 하지만 위에서 이미 증명했듯이 텍스트 유형은 문화 시공간에 따라 변한다. 계속해서 번역의 배경이 번역 전략에 어떻게 영향을 미치는지 살펴보자.

개인적 일기와 같은 텍스트는 글을 쓸 때에는 직접적인 독자층이 없다. 이를 Newmark는 표현적 텍스트로 분류하여 어의적 번역 방법을 사용해야 한다고 하였다. 하지만 Katharina Reiss가 지적했듯이, 이러한 텍스트의 원천 텍스트는 정보 전달 의도가 없다고 간주되지만, 일단 번역될 때면 그러한 의도가 생긴다.(Reiss 1989;114) 따라서 번역자는 보다 자연스러운 표현을 추구하는 번역 전략을 써야 한다. 다시 말해 번역 결정 차제가 이미 텍스트의 기능을 바꾸기도 한다.

독자의 유형과 특성 역시 번역 전략에 큰 영향을 미친다. 만약 목표 언어 문화와 원천 텍스트 문화의 격차가 크고, 독자가 원천 텍스트 문화를 이해하고자 하는 동기가 그다지 높지 않다면, 예를 들어 아동 문학의 독자의 경우, 아무리 권위 있는 원천 텍스트이라도 어의적 번역 방법만을 사용해서는 실패하고 만다.

목표 텍스트의 용도 역시 중요한 결정적인 요인이다. 세익스피어 희곡의 번역본은 읽히기 위한 것이라면 어의적 번역 방법을 사용해도 될 것이다. 하지만 상연을 위한 것이라면 관중들의 즉각적인 이해와 감상을 위해서 일부 조절이 불가피하다. 뉴스 보도문의 경우 목표 텍스트가 뉴스 보도용으로 사용될 예정이라면 원천 텍스트의 오류를 수정해야만 한다. 하지만 연구 자료나 법정 증거물로 사용될 예정이라면 원천 텍스트의 의미를 최대한 남겨두어야 한다.

번역자에게 과연 원천 텍스트를 해석하고 수정할 책임이 있는가는 상황이나 입장에 의해 결정될 때도 있다. 치열한 외교 협상에서 갑측이 "It so happens that we have eleven people on each side. It is up to us whether we play football or cricket."라고 말했다고 하자. 이 말을 을측에서 알아 듣지 못했다면, 갑측에서 고용한 통역사나 중립적인 통역사가 그 함의를 해석할 책임은 없으며 을측의 통역사가 이러한 책임을 수행해야 할 것이다. 반대로 갑측에서 말실수를 해 스스로에게 불리한 상황을 만들었다면 갑측의 통역사가 정정해야 하며, 중립적인 통역사나 을측의 통역사가 정정할 책임은 없다.

번역자가 번역의 발주자이자 의뢰자의 역할까지 하고 있다면, 번역 전략을 선택할 때 상당한 자유를 누릴 수 있다. '순수'한 작품이든 '통속'적인 작품이든 상관없이 문학 작품을 번역할 때 번역자는, 목표 텍스트의 가독성과 오락성을 중시할 수도 있고, 반대로 텍스트의 의미 전달에 치중하거나 나아가 자신이 전달하고자 하는 의미까지 덧붙일 수도 있다.

이 밖에 목표 언어 문화의 문학 사조와 이데올로기 규범 역시 독자의 기대, 출판 검열 심지어 법률적 제재와 같은 시스템의 힘을 빌어 번역자가 원천 텍스트에 충실하거나 벗어날 자유를 제한한다.

결론적으로, 언어와 문화의 경계를 넘어서면 텍스트의 기능은 자동적으로 또는 번역의 객관적인 환경이나 번역자의 주관적인 의도에 따라 변한다.(Nord 1991:16, 72~73; Reiss 1989:114) 따라서 실제 수요를 보면, 번역 방법 또는 전략을 결정하는 요인은 원천 텍스트의 기능이 아니라 목표 텍스트의 기능이다. 따라서 적어도 원천 텍스트의 유형은 번역 방법을 결정하는 유일한 기준이 되지 못한다.

## 3 문제점

Newmark는 번역 이론의 주요 역할이 "가능한 많은 텍스트나 텍스트 유형에 대해 적절한 번역 방법을 결정하는 것"(Newmark 1981;19)라고 보았다. 따라서 우리는 Newmark가 제시한 번역 이론의 목표가 바로 여기에 있다고 가정할 수 있다. 다시 말해 그의 이론 역시 야심만만한 보편적 번역 이론인 것이다.

Newmark가 다양한 텍스트 유형을 위한 적절한 번역 방법을 결정하기 위해서 노력했다고 본다면, 실제 사회 상황까지 고려하여 가능한 많은 번역 방법을 만들어 각각의 텍스트와 번역 목적의 수요를 만족시킬 수 있을 것이다. 그래서 Newmark역시 8가지 번역 방법을 제기하였지만, 동시에 그는 또한 "적절한 번역의 범위와 정의를 축소"해야만 했다. 이것이 바로 그의 목표가 달성 불가능한 이유이다.

사실상 Newmark는 번역의 범위를 어의적 번역과 소통적 번역의 두 가지에 국한시켰다. 이 두 가지 방법만이 번역의 양대 목표인 정확성과 경제성에 도달할 수 있기 때문이다. 하지만 이 두 가지 목표에 어떠한 이론적 또는 실질적 근거가 있는 지 알 수 없다. "적절한 번역의 범위의 정의를 축소"하는 것과 마찬가지로 이 두 가지 역시 Newmark의 개인적인 이상에 근거한 목표일 뿐이다. 모든 번역이 이 두 가지 모두를 목표로 하지 않으며, 어떤 번역의 경우 정확성도 경제성도 모두 주요 목표가 아닐 수 있다. ≪홍루몽≫의 두 가지 영역본인 Yang and Yang의 'A Dream of Red Mansions'와 Hawkes의 'The Story of the Stone'을 비교해 보자.

如今且说贾元春，因在宫中自编大观园题咏之后，忽想起那大观园景致，自己幸过之后，贾政必定敬谨封锁，不敢使人进去骚扰，岂不寥落。况家中有几个能诗会赋的姐妹，何不命他们进去居住，也不使佳人落魄，花柳无颜。却又想到宝玉自幼在姐妹丛中长大，不比别的兄弟，若不命他进去，只怕他冷清了，一时不大畅快，未免贾母王夫人愁虑，须得也令他进园居住方妙。

(曹雪芹 1982 : 319)

Now it had occurred to Yuan-chun while she was editing the poems on Grand View garden that it would be a pity if her father locked up such charming pleasure grounds after her visit in deference to her, so that nobody could go there. The more so when the girls of the family had a taste for poetizing, and if they were to move there the Garden would make a perfect setting for them while its flowers and willows would not lack admirers. Then she reflected that Pao-yu was unlike other boys, having been brought up among girls, so that if he alone were excluded he would feel left out in the cold, and this might distress the Lady Dowager and Lady Wang. She had better gibe directions for him to move in there too. (Yang and Yang 1978:329)

Yuan-chun's editing of the Prospect Garden poems had given her a vivid recollection of the garden's beauties. She war sure that her father, out of a zealous reverence for the Emperor and herself, would have kept it all locked and closed since her visit and would have allowed no one else to enter, and she felt this to be a waste and a shame — the more so when her family contained so many poetical young ladies who would have hound inspiration in its scenery — not to mention the benefit their presence would have bestowed on the garden itself: for, as is well-known,

When lovely woman smiles not,
All Nature's charms are dead.

*Assuredly, the girls must be allowed into the garden. It should become their home. And if the girls, why not Bao-yu? He had grown up in their midst. He was different from other boys. If he were not allowed into the garden as well, he would consider himself left out in the cold, and his distress would cause Lady Wang and Grandmother Jia to feel unhappy too.* Unquestionably she should ask for him to be admitted along with the girls.

(Hawkes 1973:455, Emphasis added)

이 두 번역본 가운데 하나는 상당히 압축적으로 번역되고, 다른 하나는 생동감 있게 번역되었다. Yang and Yang의 번역은 원천 텍스트처럼 원춘의 생각이 모두 간접 인용문으로 표현되어 있으나, Hawkes는 서술형으로 바꾸면서 첫 부분만 간접 인용문으로 표현했을 뿐 이탤릭체 부분과 같이 직접 인용문으로 원춘의 생각을 생동감 있게 표현하였다. 이 밖에 Hawkes의 목표 텍스트에는 많은 해석이 첨가되었으며, 밑줄 친 부분은 원천 텍스트에는 없는 내용이며 영어 문법의 필요에 의해 첨가된 것도 아니다. 다시 말해 이러한 첨가는 Toury(Toury 1995:57)가 말한 '비강제적인 변이(non-obligatory shift)'[7]이다. 글자수를 세어 보면 원천 텍스트가 148자이고, Yang and Yang의 번역본은 138자인데 반해 Hawkes의 목표 텍스트는 194자이다. 따라서 Yang and Yang의 번역본은 정확성과 경제성을 추구한 반면, Hawkes는 정확성과 경제성을 대가로 목표 텍스트의 문학성과 가독성을 추구했다고 할 수 있다. Newmark의 기준으로 보면 Yang and Yang의 번역이 Hawkes의 번역본보다 낫다고 평가할 수 있으며, 더 나아가 Hawkes의 번역은 Newmark가 말한 '의역'적인 부분이 많다. 즉 "원천 텍스트 의미를 재현했지만 원천 텍스트의 스타일을 고려하지 않고, 원천 텍스트 내용을 취하는 대신 원천 텍스트의 형식을 버린 것으로, 대부분 원천 텍스트보다 훨씬 긴 목표 텍스트가 나온다." 따라서 "근본적으로 번역이 아니다.(Newmark 1988:46~47)" 하지만 사실상 이론가들과 비평가들은 두 번역본의 우열을 비교할 권리가 없다. 서로 다른 문화 환경에서 서로 다른 독자를 대상으로 서로 다른 것을 추구하였기 때문이다.

자신의 주관적인 억측이나 가치관에 따른 번역 이론은 사회의 실제적 수요를 벗어나기 마련이기에, 실천적인 역할을 할 수가 없

7) '강제적 변이'과 '비강제적 변이'는 Toury가 쓴 전문용어이다. '변이'은 목표 텍스트와 원천 텍스트의 차이를 말하며, '강제적 변이'는 '객관적으로 필요 불가결한 것'으로 주로 번역 관련 두 언어의 시스템 차이에 기인하며 또한 두 문학 시스템의 차이에도 기인하므로 '규칙에 의해 지배'되는 것으로, 목표 텍스트의 충분성에 영향을 미치지 않는다. 이에 반해 '비강제적 변이'는 많을수록 충분성이 떨어진다.(Toury 1980:55, 116~117)

다. Lance Hewson과 Jacky Martin의 말을 빌어 보자.

> 번역 이론은 지나치게 비현실적이라서 근본적으로 '실제' 번역 상황에 적용 불가능하고, '번역 방법'은 A언어 문화에서 B언어 문화로 전환하는 판에 박힌 규칙일 뿐이어서 전혀 도움이 되지 않는다. 이러한 두 가지 상황을 우리는 너무나 흔히 보아왔다. (Hewson and Martin 1991:229)

게다가 Newmark의 가치관은 상당히 보수적이다. 그는 텍스트 유형이 매우 다양함에도 서로 차이가 그다지 크지 않은 두 가지 방법으로 번역하도록 번역자에게 허용했을 뿐이다. 따라서 그의 이론은 처방론적인 성격이 강해서 번역자에게 거의 자유를 허용하지 않는다. 특히 '순수'한 문학과 같은 표현적 텍스트의 경우, 번역자가 어의적 번역 방법을 사용하도록 규정하고 있으며 그리하여 번역문이 원문의 수준에 미치지 못할 지라도 상관없다고 보았다. 이러한 견해는 번역자들이 받아들이기 어려운 경우가 많다.

그는 원천 텍스트 유형으로 번역 방법을 결정한다고 주장했는데, 이는 그의 이론이 원천 텍스트 지향적(source text-oriented)이라는 의미로서, 그 경향성은 Nida보다 강하다. Nida는 한 가지 번역 원칙만을 주장했지만, 그 원칙은 서로 다른 수신자에 대해 서로 다른 목표 텍스트를 생산하는 것이었다. 즉 수신자의 특징과 수요를 고려한 것이다. 하지만 Newmark는 단지 원천 텍스트 유형만을 고려하였다. 원천 텍스트 지향의 처방론적 번역 이론은 언어학 이론을 기반으로 하는 경우가 많으며, 모두 치명적인 약점을 가지고 있다. 바로 "처방론적이고 정적인 층위를 구축하거나 또는 모든 번역에 적용하려고 하며...... 또는 사전에 경계지어진 '장르'에 적용"하기 위해, 번역이 어떻게 "기능을 발휘하여 수신자의 수요를 만족시키고, 이러한 수요와 기능이 목표 텍스트의 생산 방식에 어떻게 영향을 미치고 심지어 제약하는지는 고려하지 않는다"(Toury 1981:40~41) 이러한 이론은 번역학의 새로운 발견을 무시한다. "번역은 모든 창작과 개작(rewriting)과 마찬가지로 경향성을 띠지 않은 적이 없다"는 사실을 무시하고, "번역 생산에는 항상 맥락이 있으며, 텍스트는 항상 역사 속에서 출현하며, 역사 속으로 들어가기 마련이라는(Lefevere and Bassnett 1990:11)" 사실을 무시한다. 결과적으로 그들은 자신의 번역 이론을 '정체'시키고 심지어 '막다른 골목'으로 몰아 넣는다.(Toury 1981:15; Holmes 1988:100; snell-Hornby 1995:14)

# 03 스코포스 이론

Nida와 Newmark의 번역 이론은 언어학 이론에 기반하였으며 기본적으로 원천 텍스트 지향적이다. Vermeer는 이러한 응용 번역 이론의 비현실적인 측면에 불만을 가지고 스코포스 이론을 내놓았다. Nord는 번역 교육의 수요에 착안하여 Vermeer의 이론을 더욱 발전시켰으며, 비판에 대한 대답으로 스코포스가 모든 것을 결정한다는 원칙에 '책임성' 조건을 덧붙였다. 이 두 가지 버전의 스코포스 이론은 스코포스 학파 안팎으로 많은 논쟁을 불러 일으켰다. 본 장에서는 스코포스 이론과 그로 인한 논쟁에 대한 견해를 밝히고자 한다.

## 1 스코포스 이론 소개

Vermeer는 번역학이 언어학에만 의존해서는 안 된다고 보고, 그 이유로 첫째 번역은 단순한 언어 과정이 아니고 언어가 주요 측면조차 아니며, 둘째 언어학은 진정한 번역의 난제를 제기하지 못했다고 지적하였다.(Vermeer 1987:29) 이에 따라 Vermeer는 행위 이론(theory of action)을 기반으로 번역의 '스코포스'를 제기하였다.

이 이론의 중심 사상은 모든 행동에는 목적이 있으며, 행동하는 사람은 실제 환경에 따라 소기의 목표에 도달하기 위해 스스로 가장 적절하다고 생각하는 방식을 선택한다는 것이다. 번역 역시 일종의 행동이라고 할 때, 번역자 역시 번역 목적에 따라 모든 가능한 관련 요소를 고려하여 가장 적절한 행동 방식을 결정하게 된다. 이러한 실제 상황에 대한 기술에 근거하여 "(번역) 행동의 목적이 목표에 도달하기 위한 전략을 결정한다."는 기본 원칙을 도출할 수 있다. 다시 말해 목표 텍스트는 예정된 수신자에 대해 소기의 기능을 발휘해야 하는 것이다.(Vermeer 1996:12~15)

이 이론은 원천 텍스트의 지위에 대한 새로운 견해였다. Vermeer에 따르면, 원천 텍스트는 일반적으로 원천 텍스트 문화의 맥락 속에서 만들어지는 것으로, 원천 텍스트 문화 지향적이다. 따라서 원천 텍스트를 '코드 변환'하여 만들어진 번역본은 그 소기의 기능이 원천 텍스트와 동일하든 다르든 ('코드 변환'이 번역 목적일 때를 제외하고는) 목적에 도달할 수 없다. 목표 언어 문화의 독자에게 원천 텍스트의 문법을 이해시키기 위한 경우가 '코드 변환'이 목적이 되는 경우이다.(Vermeer 1989:174~176) 게다가 스코포스 이론에 따르면, 번역의 목적은 원천 텍스트의 목적과 다를 수 있으며 심지어 필연적으로 다를 수 밖에 없다.(Vermeer 1996:84) 목표 텍스트는 스스로 존재 가치가 있는, 잠재적 용도를 가진 텍스트이다. 따라서 목표 텍스트와 원천 텍스트의 기능이 일치하는 경우는 예외적일 뿐 통상적인 예가 아니다.(Vermeer 1989:181) 이에 대하여 Nord는 다음과 같이 해석하였다.

> 모든 텍스트는 서로 관련된 수많은 원소(즉 요소)로 구성된 구조 속에 있다. 이 구조의 짜임이 텍스트의 기능을 결정한다. 이 구조의 어느 한 원소가 변하면, 구조 속의 다른 원소의 짜임도 이에 따라 변한다. 만약 번역의 의도가 문화와 언어의 장애를 뛰어넘는 의사소통이라면, 번역할 때 최소한 한 가지 원소 즉 수신자가 변한다. 이는 가장 전통적인 의미에서의 번역이라도 마찬가지이다. 목표 텍스트의 수신자가 성별, 연령, 교육 수준, 사회적 배경 등에 있어서 원천 텍스트 수신자와 완전히 똑같다고 할 지라도, 그들 사이에는 그래도 '아주 작은' 차이, 바로 서로 다른 언어와 문화 커뮤니티에 속한다는 차이가 있을 수 밖에 없다.
>
> (Nord 1991:24)

이러한 관점에 따라 의사 소통의 목적은 대상을 포괄한다. 대상이 달라지면 목적 역시 달라지므로, 번역 목적은 필연적으로 원작의 목적과는 상이해진다. 하지만 비교적 전통적인 관점으로 보아 대상을 목적의 범주에서 제외한다고 해도, 번역 목적은 때때로 원작의 목적과 같지 않은 경우가 있음을 인정하지 않을 수 없다.(Vermeer 1989:182 참고) 예를 들어 ≪걸리버 여행기≫나 ≪동키호테≫ 등의 작품은 서로 다른 시공간의 일반 독자(즉 원천 텍스트 수신자에 대응하는 수신자)에게 원천 텍스트의 풍자적 기능을 발휘할 수 없다.(Nord 1997:51 참고)

번역 목적이 원작의 목적과 '동일'한 상황이라고 할 지라도 상이한 목적을 일부러 선택할 수 있는 가능성을 스코포스 이론은 허용한다.(Vermeer 1996:68) 번역할 때에는 모든 목적이 가능하다.(Vermeer 1996:84) 예를 들어 상업 광고의 목표 텍스트는 제품을 판매하기 위해 사용될 수도 있지만(Nord가 말한 도구적 번역) 또한 문화 연구자에게 자료로 제공(즉 기록적 번역)될 수도 있다.

사실상 어떤 텍스트(광고 등)의 경우, 목표 텍스트의 목적과 원천 텍스트의 목적을 서로 일치시키기 위해서 반드시 원천 텍스트를 수정해야 하며, 목적이 다를 때 오히려 원천 텍스트 수정이 불필요한 경우도 있다.

따라서 Vermeer는 목표 텍스트(의 모습)를 결정하는 것은 원천 텍스트(의 모습)가 아니라 번역의 목적이라고 보고,(Vermeer 1996:12~15) 원천 텍스트는 번역자가 사용하도록 주어진 '원료(raw matetial)'일 뿐이므로 이제는 '폐위(dethroned)'되어야 한다고 여겼다.(Vermeer 1987a:541, Nord 1997:37에서 재인용)

스코포스 이론을 기반으로 Nord는 ≪Text Analysis in Translation: Theory, Methodology, and Didantic Application of a Model for Translation-Oriented Text Analysis≫(Nord 1991)에서 번역을 위한 텍스트 분석에서 반드시 고려해야 할 내부 및 외부 요소와 원천 텍스트의 기능을 파악하기 위하여 번역자가 어떻게 이러한 요소를 다루어야 하며 이를 기반으로 번역 목적에 적합한 번역 전략을 수립하는 방법을 상세하게 서술하였다.

Nord는 "목표 텍스트의 기능은 원천 텍스트 분석을 통해 자동적으로 도출되지 않으며, 문화간 의사 소통 목적에 의해 결정된다.(Nord 1991:9)"고 강조하면서, 목표 텍스트는 그 소통적 기능에 따라 두 가지 유형으로 구분되는데, 한 가지는 목표 언어 문화의 새로운 환경 속에서 독립적으로 의사 소통 역할을 하는 도구이고, 다른 한 가지는 원저자와 원천 텍스트 수신자가 원천 텍스트 문화 속에서 어떻게 의사 소통 하는지를 기록하는 문헌이라고 하였다.(Nord 1991:72~73) 다시 말해서 번역에는 도구적 번역(instrumental translation)과 기록적 번역(documentary translation) 두 가지 방법이 있으며, 이 가운데 도구적 번역에는 세 가지 종류가 있다.

(1) 동(同)기능적 번역(equifunctional translation): 목표 언어 독자에게 원천 텍스트의 기능을 발휘하는 것으로 사용설명서 등이 있다.
(2) 이(異)기능적 번역(heterofunctional translation): 비슷한 기능을 발휘하며, ≪걸리버 여행기≫를 아동을 대상으로 번역하는 경우이다.
(3) 상동적 번역(homologous translation): 원천 텍스트 문학 맥락에서 원천 텍스트가 발휘했던 기능을 목표 언어 문학 맥락에서 재현함으로써 원천 텍스트와 상응하는 효과를 발휘하며, 주로 시가 번역에서 나타난다.

기록적 번역은 네 가지 종류로 나눌 수 있다.
(1) 행 대응 번역(interlinear translation): 원천 텍스트 시스템을 재현한다.
(2) 축어적 번역(literal translation): 원천 텍스트 형식을 재현한다.[8)]
(3) 주해 번역(philological translation): 축어적 번역과 주석을 결합하여, 원천 텍스트의 형식과 내용을 재현한다.
(4) 외래화 번역(exoticizing translation): 원천 텍스트의 문화적 배경을 남겨두어, 목표 텍스트 수신자에게 이국적 정서를 제공한다.(Nord 1997:47~52, 1991:73)

8) 원문(Nord 1997:48)은 "reproduction of SL[source language] form", 하지만 Nord는 필자에게 보내는 이메일에서 "SL"은 "ST[source text]"라고 확인해 주었다.

이를 통해서 도구적 번역은 대체적으로 목표 언어 문화 지향적인 반면, 기록적 번역은 원천 텍스트 문화 지향적이라는 사실을 알 수 있다.

후에 Nord(Nord 2001:187~188)는 이러한 두 가지 번역 상황에 대해서 더 자세히 기술하였다. 도구적 번역 상황에서 수신자는 텍스트 배후의 번역 행위(소프트웨어의 현지화나 영화의 더빙 등)에 주목하지 않거나 심지어는 의식하지 못한다. 하지만 기록적 번역 상황에서는 번역자 본인이나 그 이름이 나타나며(법정 통역이나 문학 번역 등), 번역자가 나타나지 않는 경우라도 수신자는 그 존재(영화 자막 등)를 의식하게 된다.

어떠한 번역 목적이라도 모두 가능하다면, 목표 텍스트와 원천 텍스트는 어떤 관계를 맺어야만 할까? 이 문제에 대한 Vermeer와 Nord의 관점에는 모두 약간의 변화가 있었다. Vermeer는 목표 텍스트를 생산할 때 "목적에 도달할 수 있는 수단이 곧 정당한 수단"(Reiss and Vermeer 1984:101)이라고 했다가, 나중에는 번역의 임무가 기본적으로는 원천 텍스트의 기능과 무관하다고 하지만 양자의 차이가 너무 커지면 기껏해야 번안일 뿐 번역이 될 수 없다고 하였다.(Vermeer 1989:184) 하지만 1996년 Vermeer는, 스코포스 이론은 문화 특수성이 없는 일반 번역 이론이므로 문화 특수성을 가진 문제는 고려하지 않는다고 하였다.(Vermeer 1996:84, 107)

한편 Nord는 '책임성(loyalty)' 원칙을 제시하였다. Nord는 목표 텍스트가 필요로 하는 소재가 원천 텍스트가 제공하는 소재와 서로 용인되어야 할 뿐 아니라, 목표 텍스트의 기능 역시 원천 텍스트의 의도와 서로 용인되어야 하며, 그렇지 않다면 번역은 불가능하다고 보았다. 이 때 상호 용인된다는 정의는 문화 특수성을 갖는다. 예를 들어 독일 문화 속에서 상호 용인은 원천 텍스트나 저자 또는 발신자(sender)에 대한 충실성을 의미하며, 적어도 목표 텍스트 역시 원천 텍스트 발신자의 이름으로 전달되는 상황에는 그러하다. 따라서 Nord의 스코포스 이론이 번역자에게 따르라고 요구하는 원칙은 '기능성+책임성(functionality plus loyalty)'(Nord 1991:28~29)이다.

Nord가 말하는 책임성이란 원천 텍스트에 대한 충실성과는 다르다. Nord의 용어 시스템 속에서 '충실성(fidelity)'은 두 텍스트 사이의 기술적인 관계를 지칭하며, 책임성이란 사람과 사람의 관계에서 필수불가결한 윤리적 원칙이다.(Nord 1991:29) 하지만 Nord의 '책임성' 개념은 1990년대 초반부터 끊임 없이 수정되고 보완되었다. 1997년 Nord는 책임성 원칙이 (어떤 유형의 번역이 필요로 하는) 발주자, (목표 텍스트와 원천 텍스트 사이에 어떤 관계를 기대하는) 수신자 및 (그 의도를 존중하기를 요구할 권리가 있으며 목표 텍스트와 그 작품 사이에 어떤 관계를 기대하는) 원저자라는 삼자의 합리적 권익을 고려한다는 의미라고 하였다.(Nord 1997: 127~128)

하지만 최근에는 '책임성' 개념이 기존의 '충실성(fidelity or faithfulness)' 개념을 대체하기 위한 용어라고 말하고 있다. 후자가 일반적으로 원천 텍스트와 목표 텍스트 사이의 언어적 또는 스타일적인 유사성만을 지칭할 뿐 의사 소통 의도를 고려하지 않기 때문이다. 반대로 '책임성'를 갖춘 것으로 인정되는 목표 텍스트는 종종 원저자의 의사 소통 의도를 위배하며, 소위 '책임성'은 의사 소통 활동의 모든 참여자(원저자, 번역 고객이나 위탁인, 목표 텍스트의 수신자)의 의도와 기대를 고려하는 것이다. 하지만 이는 다른 사람의 기대에 따라야 한다기 보다는, 번역자의 번역 목적이나 전략이 다른 참여자의 기대(또는 번역에 관한 주관적인 이론)

를 위배할 가능성이 있을 때 그들에게 설명해야 한다는 의미이다.(Nord 2001:185~186, 195~196)

## 2 스코포스 이론의 공헌

Vermeer는 스코포스 이론이 다음의 세 가지 공헌을 했다고 선언하였다.(Vermeer 1989:186)

(1) 이 이론은 번번히 부정되어 왔던 사실을 명확하게 제기함으로써 그 존재를 사람들이 인식하도록 하였다.
(2) "임무가 목적을 결정(해야만) 한다"는 이 개념은 번역의 가능성을 확대하였고, 선택 가능한 번역 전략을 늘렸으며, 번역자에게 강요되었지만 종종 아무런 의미가 없었던 직역으로부터의 속박을 풀었다.
(3) 번역자의 책임을 번역 과정에 넣고 그 책임 범위를 확대하여, 목표 텍스트가 소기의 기능을 발휘해야 하며 이로써 정해진 목표에 도달할 수 있음을 지적하였다.

중국에서 '아무런 의미가 없는 직역'은 흔한 현상이다. 예를 들어 영중 번역 연습 과정에서 원천 텍스트가 신문 기사일 경우 교사는 사전에 아무런 정보도 주지 않고 사후에 원천 텍스트에 있는 전문 용어를 누락시켰다고 평가한다. 그 이유는 원저자가 심혈을 기울여 사용한 비유를 번역하지 않았기 때문이며, 목표 텍스트의 용도나 독자의 이해 능력과 같은 실질적인 문제는 전혀 고려 대상에 넣지 않는다.

이러한 원천 텍스트 지향적 번역관은 학생들뿐 아니라 전문 번역자에게도 큰 영향을 미친다. 예전에 같은 분야의 연구자 한 명이 나에게 자신의 번역 회사 광고문 내용에 들어갈 '고객제일' '품질제일' '신용제일'과 같은 구호 가운데 '신용제일'을 어떻게 번역해야 하는지 자문을 요청한 적이 있다. 내가 보다 상세한 정보(목표 텍스트가 외국인을 대상으로 하는 것인지 중국인을 대상으로 하는 것인지 아니면 중영 대조인지 등)를 묻기도 전에 그는 "잘 생각해보고 대답해주십시오."하더니 가버렸다. 그는 아마도 '신용'이라는 단어는 완벽한 영어 등가어가 없으며 영어권의 상업 광고에서는 스스로의 신용을 앞세우는 경우가 드물기 때문에, 이 구호를 사전적인 의미에 따라 'prestige first'라고 번역할 수 없다고 생각했을 것이다.

이러한 그의 생각은 맹목적인 직역보다는 한 단계 나아간 것이지만, 그 구절을 다르게 번역하면 충실성 원칙에 위배되기 때문에 해결할 방법이 없다고 생각했던 것 같다. 하지만 사실상 목표 텍스트가 외국인을 대상으로 하는 독립된 텍스트라면, 이 광고는 다시 쓰여져야 한다. 신용을 표방하는 것은 뻔한 거짓말 같은 느낌을 줄 뿐 아니라 이렇게 계속 '제일'이라는 단어를 반복하는 것은 최고가 아니라는 말과 같다. 게다가 영어는 반복적 표현을 기피한다. 만약 광고가 영어를 약간 아는 중국인을 대상으로 하는 중영 대조 텍스트라면, 직역해도 무방하다. 하지만 광고가 외국인과 중국인을 모두 대상으로 하는 중영 대조 텍스트라면, 두 독자를 모두 만족시키기 어렵다. 직역한다면 외국인이 보기에 우스운 문장이 되고, 다시 쓰기를 한다면 중국인은 당신이 번역을 모른다고 생각하기 쉽다. 스코포스 이론은 당신에게 서로 다른 문화적 배경을 가진 독자에게 서로 다른 목표 텍스트가 필요하다는 이야기를 하는 것이다.

Vermeer는 또한 번역의 목적을 소홀히 하면 심각한 결과를 초래하며, 원천 텍스트를 어떻게 번역해야 가장 좋은가에 대해서는 아직까지 이견이 분분하지만, 명확한 목적이나 임무가 있다면 최소한 거시적인 전략의 선택에 대해서는 일치된 의견을 도출할 수 있다고 지적하였다.(Vermeer 1989:185) 반대로 목적이나 임무를 고려하지 않는 번역 비평은 그다지 의미가 없다.

물론 스코포스 이론이 해결하는 문제를 Nida나 Newmark의 이론도 해결할 수 있다. 하지만 성경과 신문 사설을 예로 들면, Nida의 이론은 도구적 번역을 적용하고, Newmark의 이론은 기록적 번역을 적용한다.(그는 이를 권위 텍스트로 분류했기 때문이다) 따라서 두 이론은 모두 단편적이지만, 스코포스 이론만이 두 가지 방법이 모두 유용하다고 인정한다.

## 3 스코포스 이론에 관한 논쟁

스코포스 이론은 처음부터 다른 학파의 문제 제기를 받았다. 스코포스 이론의 주요 이론가인 Vermeer와 Nord는 이에 기꺼이 화답했지만, 일각에서는 Nord의 대답(Nord 1997:109~122)이 가끔 핵심에서 벗어난다고 생각했다. 또한 Vermeer와 Nord 사이에서도 논쟁이 있었다. 여기서는 이러한 논쟁을 정리하고 나의 견해를 제시해보고자 한다.

### 3.1 스코포스 이론은 새로운 이론인가?

일부 이론가는 번역이 목적이 있는 행위라는 점은 상식일 뿐 새로운 점이 없으니 주목할 만한 가치가 없다고 보았다.(Newmark 1991:106, Pym 1996:337 참고) 물론 그렇다. 스코포스 이론이 말하고자 하는 바는 매우 단순하다. 하지만 스코포스 이론의 지지자들은, 이렇게 단순한 이치를 그래도 말해야 하는 이유는 현존하는 이론과 실제 사이의 간극이 너무나 크기 때문이라고 대답한다. 스코포스 이론은 독일에서 크게 유행하였으며, 영어 저술이 점점 많아지면서 1990년대 후반기에는 세계 번역 이론계에서도 상당한 영향력을 가진 학파로 성장하였다. 이는 이 이론에 주목할 만한 가치가 있음을 증명한다.

스코포스 이론과 Nida의 이론 심지어 Newmark의 이론까지, 관심을 갖는 것은 모두 텍스트의 기능이다. 따라서 모두 기능주의 이론이라고 할 수 있다. 하지만 이들 간에는 근본적인 차이가 있다. Nida는 목표 텍스트의 효과가 원천 텍스트의 효과와 같아야 한다고 주장하고, 번역자는 "원저자와 대체적으로 같은 또는 최소한 비슷한 목적"을 가져야 한다고 했으며,(제1장 참고) Newmark는 번역 방법이 원천 텍스트 기능에 따라 결정된다고 하였다. 이 두 이론은 모두 처방론적인 성격을 가지고 있으며, 대체적으로 원천 텍스트나 원천 텍스트 시스템 지향적이다. 하지만 스코포스 이론은 목표 언어 시스템 지향적이며, 또한 기술론적인 성격과 처방론적인 성격이 결합된 이론이다. 또한 Nida와 Newmark가 추구한 것은 영원한, 절대적인, 문화를 넘어선 번역 기준이었다. 하지만 Vermeer와 Nord는 무엇이 (좋은) 번역인가에 대해서 문화 규범(norm) 또는 관습(convention)만을 반영했으며, 시공간의 변화에 따라 변한다고 하였다.(Vermeer 1996; Nord:1991a 참고) 따라서 스코포스 이론은 동서양의 전통 (응용)이론과는 뚜렷하게 구별되며, 바로 이러한 차이점 때문에 많은 비판을 받았다.

### 3.2 번역인가 아닌가?

스코포스 이론이 목표 언어 시스템 지향적인 이론이기에, 원천 텍스트나 원천 텍스트 시스템 지향적 이론가는 자연스럽게 다음과 같은 질문을 하게 된다. 원천 텍스트의 목적이나 내용에 충실하지 않은 번역도 번역으로 간주할 수 있는가? Vermeer(Vermeer 1996:34)의 대답은 다음과 같다.

> 그러면 안 된단 말인가? 만약 당신이 '번역'에 대한 다른 정의를 내린다면 물론 번역이 아니다. 하지만 무엇이 그토록 중요하단 말인가? 가능한 결과를 고려하지 않고 맹목적으로 번역해야 하는가, 아니면 '좋은' 결과를 얻기 위해 다른 방법으로 (시험)해 보아야 하는가? 목표 텍스트가 어떤 용도로 쓰일 지는 상관 없이 번역자에게는 번역만 허용될 뿐이란 말인가? 번역자는 자신의 일과 자신의 '제품' 즉 목표 텍스트가 가져올 결과에 대해서 책임지지 않아도 된단 말인가?

Nord(Nord 1991:25) 역시 다음과 같이 지적하였다.

> 목표 언어 문화의 규범에 따라 원천 텍스트를 조정 혹은 '개역'하는 것은 모든 전문 번역자의 일상 업무의 일부이다. 우리는 (비교적 협의의) '번역'과 '개역'을 구별할 수 있지만, 이것이 무슨 도움이 되는 지 의심스럽다. 차라리 개역의 특성을 번역의 개념 속에 넣어 사람들(아마도 번역의 사용자와 발주자!)이 번역이 실제로 무엇인지 제대로 알게 하는 편이 낫다.

스코포스 이론의 관점으로 볼 때 '번역 종사자'라고 불리는 사람이 협의의 번역만 한다면 대부분의 번역은 결국 실패하고, 번역 교사가 학생들에게 협의의 번역만을 가르친다면 졸업하고 실제 번역 업무를 제대로 수행하기 어렵다. 또한 번역학자가 협의의 번역만을 연구한다면 대부분의 번역 현상은 연구 범위에서 제외될 것이다.

### 3.3 스코포스 이론은 번역의 목적을 축소하는가?

원천 텍스트 지향적인 번역 이론에 반발하는 스코포스 이론은 원천 텍스트를 수정해야 하는 상황을 강조한다. 이러한 강조는 사람들(특히 원천 텍스트의 지위를 옹호하는 이론가)에게 스코포스 이론이 목표 언어 문화의 수요에 따라 원천 텍스트를 반드시 수정해야 한다고 주장한다는 오해를 사기 쉽다.(Nord 1997:120) 예를 들어 Newmark는 스코포스 이론이 특정 독자를 대상으로 해야 한다고 강조하여, 한 번역본이 여러 유형의 독자들을 대상으로 할 수도 있다는 사실을 무시함으로써 번역 목적을 축소했다고 비판하였다.(Newmark 1991:106)

Vermeer가 일찍이 언급한 바와 같이, 스코포스 이론은 목표 텍스트가 반드시 목표 언어 문화로 다가가야 한다고 규정하지는 않는다. 원천 텍스트를 최대한 충실하게 모방하는 것 역시 적절한 목적의 하나이다. 하지만 번역자는 그 행동의 결과를 반드시 알아야 한다. 즉 이렇게 만들어진 목표 텍스트가 목표 언어 문화 속에서 어떠한 효과를 가져오며, 원천 텍스트 문화 속에서 원천 텍스트가 발휘했던 효과와는 얼마나 큰 차이가 있는가를 인식해야 하는 것이다.(Vermeer 1989:176~182) 이러한 관점에 따라 번역본이 원천 텍스트처럼 다양한 독자를 대상으로 한다면, 물론 이 역시 적절한 목적이 된다. 하지만 언어와 문화의 차이로 인하여 이러한 목적을 달성할 수 없는 경우가 있다.

또 다른 비판은 기능주의는 필연적으로 목표 텍스트를 과도하게 단순화하여, 원천 텍스트 정보에만 주목하고 원천 텍스트의 풍부한 의미를 희생시킨다는 것이다.(Newmark 1991:106) 하지만 Vermeer는 원천 텍스트가 가진 다양한 해석의 가능성을 유지하는 것 역시 적절한 목적이라고 말한 바 있다. 하지만 그는 또한 이러한 목적은 달성 불가능한 경우가 많다고 암시하였다.(Vermeer 1989:180)

원천 텍스트가 가진 해석의 여지를 남기는 것은 어떤 번역 목적에 있어서는 매우 중요하다. 예를 들어 옌푸(嚴復)의 '신(信)'의 경우 일부 연구자들은 (오로지) '원천 텍스트에 대한 충실'의 의미라고 보기는 어려우므로 이를 음역하여 'xin'이라고 한다. 이러한 전략을 스코포스 이론은 결코 반대하지 않는다.

### 3.4 충실성과 책임성

Newmark는 기능주의가 '원천 텍스트의 권위를 훼손'한다고 비판한다.(Newmark 1991:106) 하지만 번역에 대한 Newmark의 태도를 밝히는 다음 문장은 권위 있는 텍스트로 그 대상을 축소시켜야 한다.

> 나는 원천 텍스트를 폐위시키지 않으며, 원천 텍스트의 문자를 삭제하거나 배척하거나 증발시키거나 수정하거나 무시하지 않는다. 반대로 나는 세심하게 원천 텍스트를 살펴본다. 원천 텍스트가 훌륭하다면 번역을 통

해 정확하게 이를 전달해야 하며, 원천 텍스트에 결함이 있다면 번역을 통해서 이를 폭로해야 한다. (Newmark 1991:108)

이러한 관점에 따르면, 권위 있는 텍스트를 번역할 때 번역자는 자신의 목적을 원천 텍스트보다 상위에 놓고 강요해서는 안 되며, 목적을 달성할 수 없다고 해도 충실하게 모방해야 한다. Antony Pym은 스코포스 이론이 선한 목적과 악한 목적을 구별할 능력이 없다고 비판한다.(Antony Pym 1996:338) 이러한 비판에 대한 Nord는, 자신이 제기한 책임성 원칙이 "목적 달성을 위해 수단 방법을 가리지 않는다'는 의혹을 불식시킬 수 있다고 대답하였다.(Nord 1997:119, 124~125)

하지만 책임성 원칙은 Newmark를 만족시킬 수 없었다. 첫째, 이 원칙은 여전히 권위 있는 텍스트 수정을 허용하며, 다른 참여자의 기대를 위배할 때 설명이 필요하다는 뜻에 불과하다. 둘째, 원천 텍스트 수정이 다른 참여자의 기대를 위배하지 않을 때는 심지어 설명조차 필요 없다. 예를 들어 이집트의 관습에 따라 히브리 문학을 아랍어로 번역할 때 '이스라엘'은 반드시 '팔레스타인'으로 번역되어야 하며(Ben-Ari 2000:40), 이집트의 독자들은 번역자의 개입을 자연스럽게 알고 있기에 따로 설명할 필요가 없다. 이러한 수정은 분명 충실성 원칙에 위배된다. 아마도 그래서 Newmark는, Nord가 책임성 원칙으로 시장 지향적인 목적 달성을 위해 수단 방법을 가리지 않는 스코포스 이론을 보다 온화한 모습으로 수정하고자 했지만 자신을 설득할 수는 없다고 말한 것으로 보인다.(Newmark 1998:145) 이와 동시에 책임성 원칙은 Pym의 의구심 역시 겨우 절반 정도만 해소할 뿐이다. Pym의 관심은 원천 텍스트와 목표 텍스트 사이의 관계에만 국한되지 않았기 때문이다. 이 부분에 대해서는 뒤에서 다시 다루기로 하자.

한편 책임성 원칙은 또한 스코포스 이론의 창시자인 Vermeer의 비판을 초래했다.

첫째, Nord는 번역자가 번역 목적과 번역 전략을 제시해야 한다고 보았는데, 이는 문화 특수성의 관점이다. 하지만 Nord의 스코포스 이론은 보편적 번역 이론으로 문화 특수성을 갖지 않기 때문에 윤리 문제와 혼동해서는 안 된다. 물론 보편 이론을 실제에 적용할 때에는 당연히 갖가지 문화 규칙의 제약을 받게 되지만, 이러한 제약을 일반 이론에 넣을 수는 없다.(Vermeer 1996:39, 42, 106~108)

둘째, 모든 문화에는 예를 들어 나치 정권을 찬양할 수 없다든가 선정적 묘사를 용인하지 않는다든가 하는 다양한 제약이 존재한다. 따라서 이러한 제약에 반드시 따라야 한다는 책임성 원칙을 단독으로 열거할 필요가 없다.(Vermeer 1996:87)

셋째, 한 사람에 대한 책임성은 다른 사람에 대한 무책임을 초래하기 쉽다.(Vermeer 1996:94)

넷째, 처음에 Nord는 책임성 원칙이 독일에만 적용된다고 했지만, 나중에 보편적으로 적용된다고 하였다. (Vermeer 1996:80~81)

Vermeer의 비판에 대한 Nord의 대답은, 보편 이론이 반드시 직접적으로 응용될 필요는 없으므로 윤리 문제는 고려하지 않아도 무방하겠지만, 번역과 마찬가지로 번역자 훈련은 문화를 벗어난 일반 환경에서 진행되지 않는다. 학생들은 특정 역사 시대의 특정 문화 집단 속에서 번역을 해야 하기 때문에, 교육 과정에서는 이러한 구체적인 환경을 반드시 고려해야 한다는 것이었다.(Nord 1997:124)

따라서 Vermeer와 Nord 두 버전의 스코포스 이론은 각자 서로 다른 설계 목적을 가지고 있다. 스코포스 이론의 화법에 따르면, 두 버전의 목적이 다르다고 그 우열이나 시비를 비교할 수는 없으며, 단지 각자의 설계 목적을 달성하는가가 판단 대상이 될 뿐이다.

Nord는 자신의 책임성 원칙을 스스로의 번역 과정에서 관철하였다. Nord는 독일어판 ≪성경≫ 번역에 참여하면서, 성별을 내포한 언어(gender inclusive language)를 사용하여 성차별을 해소하고자 하거나 다양한 해석이 가능한 부분에서 새로운 연구 성과에 따라 한 가지를 선택하는 등 전통 번역본과는 다른 번역 전략을 채택하였으며, 역자 서문과 주석을 통해 그 전략과 선택을 분명하게 밝혔다.

이러한 원칙은 물론 시사하는 바가 많다. 홍콩 링난대학의 석사 과정생의 연구를 보면, ≪성경≫ 번역이 완벽히 충실하고 정확하기란 불가능하며 텍스트 조작(manipulation)은 필연적인 현상이지만, 중문 성경 번역은 전통적으로 번역본에서 번역 전략을 알려주지 않고 번역의 한계를 인정하지도 않으며 오히려 원천 텍스트에 충실하다고 스스로 밝히고, 기독교 독자는 일반적으로 목표 텍스트가 원천 텍스트를 대표한다고 믿는다고 나타났다.(苏倩雅2002, 林草原2003) 따라서 그들은 Nord의 책임성 원칙에 찬성하였다.

하지만 이 원칙을 과연 모든 언어권에서 일반적으로 적용할 수 있을까? Nord의 대답을 보면, 그는 책임성 원칙에 문화적 특수성이 있음을 인정했다. 하지만 Nord는 책임성이 '사람과 사람 사이(between human beings)'의 관계에서 필수불가결한 윤리 원칙이라고 했으니, 이는 인류 공통의 현상이라는 뜻이다. 이는 지나치게 절대적인 표현으로 보인다.

무엇을 '필수불가결'하다고 할 수 있을까? 누구를 대상으로? 어느 정도나? 중문 성경 번역의 전통과 Nord의 실천 사이의 간극이 증명하듯이, 문화마다 요구하는 책임성의 수준이 다르다. 또한 어떤 문화든 어떤 상황이든 일방적인 책임성만을 요구하는 상황을 상상하기란 그다지 어렵지 않으며, 어떤 사람(독재자나 사기꾼 등)에게는 책임성 원칙이 불필요할 수도 있다. 위계 질서를 중요시하는 사회에서는 쌍방향적인 책임성이 그다지 필요하지 않을 수도 있다.

가끔 책임성이 실현될 수 없을 때도 있다. ≪차탈리 부인의 사랑(Lady Chatterley's Lover)≫의 일본어 번역본이 책 말미에 삭제된 단락의 원천 텍스트를 열거하여 독자들에게 밝힌 경우가 있었다.(Wakabayashi 2000:71) 하지만 이러한 상황은 예외적이다. 일반적으로는 정치 및 윤리적 검열을 하면서도, 독자들은 원천 텍스트이든 목표 텍스트이든 상관 없이 삭제된 부분을 볼 기회를 갖지 못한다. 필자와의 이메일 속에서 Nord는 현실은 이상적인 상황과는 다를 수 있다고 인정했지만, 번역자는 박해나 일자리를 잃는 등의 불이익만 없다면 현실을 바꾸기 위해 노력할 수 있을 것이라고 하였다.

하지만 우리는 의사 소통 활동의 모든 참여자의 의도와 기대를 고려하는 것이 가장 이상적이라고 말하기는 힘들다. 예를 들어 번역자가 텍스트와 독자를 조절하여 모종의 '숭고'한 목적을 달성하려고 한다면('불건전'한 내용을 슬그머니 삭제하여 무지한 독자에 대한 해악을 방지한다던가, 몇몇 인물과 대화를 삽입하여 주류 이데올로기에 대해 비판하는 등)? 혹은 일부 참여자가 번역자의 적이라면? 모두 복잡한 윤리적 문제이기에 쉽게 답변하기 어렵다. '책임성'은 모든 윤리 원칙 위에 서는, 유일한 또는 영원한 원칙이 아니며 (경제, 정치, 윤리와 같은 분야의) 다른 원칙과 서로 충돌할 가능성이 있다.

따라서 문제는 단순히 번역 이론에 윤리 원칙을 넣어야 하는가 즉 문화 특수성을 고려하여 독일의 스코포스 이론이나 중국의 스코포스 이론과 같은 것들을 만들어야 하는가에 있지도, '책임성'은 다양한 문화 제약 중의 하나일 뿐이므로 무조건 유일한 또는 최고의 이상으로 과장해서는 안 된다고 폄하하는 데 있지도 않다. 오히려 '책임성'은 모든 문화 규범과 마찬가지로 독립적으로 운영될 수 없으며(6장 참고), 이를 독립적으로 강조해봤자 번역 종사자에게는 도움이 되지 않는다는 점에 문제가 있다.

### 3.5 도구적 번역과 기록적 번역의 이분법적 대립

Nord의 스코포스 이론은 책임성 원칙으로 인해 처방론적 성격을 갖게 되었으며, Nord의 도구적 번역과 기록적 번역의 이분법적 대립 개념은 실천 가능성을 제약하게 되었다.

위에서 지적했듯이 도구적 번역은 대체로 목표 언어 문화 지향적이며, 기록적 번역은 반대로 원천 텍스트 문화 지향적이다. 하지만 Nord는 중도의 길을 제시한 적이 없으며, 필자와의 이메일 속에서도 그 가능성을 고려해본 적이 없다고 밝혔다. Nord의 지적에 따르면, 수 많은 번역본을 살펴보면 번역 전략이 시종일관 관철되지 못하여(기록적 번역이든 도구적 번역이든) 결과적으로 문화의 '갈지자 걸음'을 걷게 된다.

재미 있는 사실은 슐라이어마허(Friedrich Schleiermacher)만이 이러한 번역 방법론 상의 이분법적 대립을 명확하게 지적하였다는 점이다.

그진정한 번역재에게는 두 가지 선택만이 있다. 하나는 최대한 원저

> 자를 귀찮게 하지 않고 독자를 원저자에게로 이끄는 것이고, 다른 하나는 최대한 독자를 귀찮게 하지 않고 원저자를 독자에게로 이끄는 것이다. 두 가지 길은 서로 완전히 다르다. 번역자는 한 걸음 한 걸음 최대한의 노력을 기울여 이 가운데 한 길을 벗어나지 않도록 조심스럽게 나아가야 한다. 그렇게 하지 않고 양자를 뒤섞는다면 원저자와 독자가 영원히 함께 걷지 못하는 예견치 못한 결과가 나타난다.(슐라이어마허 2000:25)

현대 번역 이론 가운데에는 Nida의 형태적 등가와 동태적 등가나 Newmark의 어의적 번역과 소통적 번역처럼 두 가지 번역 방법을 제시한 경우가 많지만, 그들은 모두 두 가지 방법이 점진적인 연속체 상의 두 극단이며 그 중간에 다양한 방법이 활용 가능하다는 점을 인정하였다.(Nida 1964:159~160; Newmark 1981:40)

실제 존재하는 번역 현상은 또한 어떠한가? 물론 가끔 사잇길이 걷기에 불가능한 경우도 있다. 하지만 우리는 사잇길의 가능성을 배제할 수 없으며 심지어 꼭 사잇길을 가야 할 경우도 있다. 사실상 완전한 도구적 번역이나 기록적 번역은 많은 경우 불가능하다.

이 밖에 위에서 언급했듯이 처음에 Nord는 목표 텍스트가 두 가지로 나뉠 수 있으며, 하나는 목표 언어 문화라는 새로운 환경 속에서 독립적으로 의사 소통 도구의 역할을 하는 것이고, 다른 하나는 원저자와 원천 텍스트 수신자가 원천 텍스트 문화 속에서 어떻게 의사 소통 했는가를 기록하는 문헌이라고 하였다.(Nord 1991:72~73) 도구적 번역의 경우 수신자는 텍스트 배후의 번역 행위에 관심이 없거나 심지어 전혀 의식하지 못하며(소프트웨어 현지화, 영화 더빙 등), 반대로 기록적 번역의 경우 번역자 본인이나 그 이름이 나타나며(법정 통역, 문학 번역 등) 번역자를 밝히지 않더라도 수신자는 그 존재를 의식한다(영화 자막 등)고 나중에 이를 보완하였다.(Nord 2001:187~188)

처음의 정의와 보충 설명을 이렇게 함께 놓고 보니 아무래도 혼란스럽다. 예를 들어 더빙이 도구적 번역이고 자막은 기록적 번역이라면, 양자가 서로 다른 전략을 쓴단 말인가? 사실 더빙은 일반적으로 "목표 언어 문화의 새로운 환경에서 독립적으로 의사 소통 작용"을 하지 못 한다. 영상 속의 인물과 사물이 여전히 원천 텍스트 문화의 것이기 때문이다. Nord는 필자와의 이메일 속에서 자신의 분류법은 규범적인 것이 아니고, 기능의 측면에서 현존하는 각종 번역 형식을 관찰한 것에 지나지 않으며 많은 또는 대부분의 서구 문화에서 현재 문학 번역은 일반적으로 기록적 번역 전략을 사용하고 있다고 설명하였다. 그렇다면 Nord의 보충 설명은 문화적 특수성을 반영한 것이지만, 나는 여전히 Nord의 관찰이 과연 총체적인가 의심스럽다. Venuti는 미국 현대 번역이 현지화 경향을 보인다고 한 바 있다.

문제의 핵심은 번역본이 스스로 번역이라고 밝히지 않는다고 해도 독자는 그것이 번역이라고 의식하며, 번역 목적 역시 목표 텍스트 독자를 원저자의 의사 소통 대상으로 삼을 수도 있다는 것이다. 현대 서구의 일부 ≪성경≫ 번역본이 전형적인 예이다. 따라서 번역자가 현장에 있는가 여부는 도구적 번역인가 아니면 기록적 번역인가를 가늠하는 기준이 되지 못 한다.

### 3.6 윤리적 문제

위에서 언급했듯이 책임성 원칙은 Pym의 의구심을 겨우 절반쯤 해소했을 뿐이다. Pym의 질문은 "목적을 기반으로 하는 이론의 목표는, 번역료를 받을 수 있는 목적의 깃발 아래서 전투를 벌이는 용병을 배양하는 데에만 목적이 있는 것은 아닌가?"(Pym 1996:338)이다. Nord는 책임성 원칙으로 대답하면서, 처방론적 이론은 근본적으로 번역자와 그 표면적인 신비한 '주인' 즉 원천 텍스트와의 협상을 허용하지 않기 때문에 원천 텍스트의 구조적 특징이 번역자의 판단을 압도해 버려, 목표 텍스트는 다른 문화 속의 다른 독자들을 위해 만들어지기 때문에 다른 목적을 가질 수도 있음을 고려하지 않지 않는다. 따라서 이러한 처방론적 이론이야말로 번역자를 용병이나 시녀로 보는 것이라고 반박하였다.(Nord 1997: 118~119)

Nord의 말이 맞기는 하지만, Pym의 질문에 대한 대답은 아니었다. Pym이 관심을 가진 것은 목적의 선악이라는 보다 큰 범위의 윤리적 문제였다. Pym은 더 이상 이에 대해 설명하지 않았지만, 우리는 다음과 같이 추측할 수 있다. 다른 참여자에 대한 책임, 심지어 원천 텍스트에 대한 책임은 선한 번역 목적과는 별개의 문제이다. 원천 텍스트 지향적인 응용 번역 이론은 아마도 번역이 원저자에 충실하지 않는 것은 비윤리적이라고 지적하는데 그치겠지만, 번역의 실제보다는 사회적 기능에 대해 더 주목하는 이론은 보다 높은 층위의 윤리적 문제를 인식할 수도 있다. 이러한 생각을 Venuti(2000:112)는 다음과 같이 명확하게 밝혔다.

> 그것[기능주의 이론]은 전문가로서 번역자의 역할과 책임을 강조하여, 번역의 윤리적 문제를 제기하였다.
>
> 하지만 사람들은 이러한 윤리가 현명한 비즈니스 수단일 뿐이라고 의심하지 않을 수 없다.[……] 이들 기능주의 이론은, 번역이 회계사에게만 책임을 지면 된다는 식으로 모든 비상업 지향적인 가치관을 번역자의 행

동 밖으로 완전히 폐기하도록, 번역을 처음 배우는 학생들을 오도할 수 있다. 사실상 기술적 문서를 번역하는 번역자조차 심사숙고를 거쳐 번역 의뢰 수락 여부를 결정해야 한다. 노동자를 착취하거나 노동자의 복지를 위협하거나 자연환경을 파괴하기 위한 문서는 아닌지, 또는 독재 정권의 하수인 노릇을 하는 기관과 함께 일을 해야 하는 지 등이 그 예이다. [......]여러 기능주의 학설은 Holz-Mänttäri의 행위 이론(theory of action)이든 Vermeer의 기능주의 이론이든 모두 상업주의적인 이데올로기에 기반하고 있어, 최종적으로 번역자의 윤리적인 반성을 제약한다.

이러한 비판에 대해 Vermeer는 일찍이 상세하게 대답하였다. Vermeer는 역할 행위와 개인의 신앙은 별개의 문제라고 말했다. 예를 들어 번역자가 반생태적인 홍보 자료 번역을 의뢰받는다면 그의 역할은 번역을 하는 것이지만, 개인적 신앙을 가진 사람으로서 그는 윤리적인 이유를 근거로 이러한 의뢰를 거절할 수 있다. 하지만 역할에 대한 기술은 이론과 마찬가지로, 가치 판단을 하지 않는다.(Vermeer 1996:83) Vermeer가 말하고자 하는 바는 스코포스 이론은 번역자의 역할을 기술하는 책임만을 질 뿐, 이러한 역할이 어떤 상황에서 윤리적으로 용납되지 않는가는 고려하지 않는다는 것이다.

보충하자면 직업 윤리와 사회 윤리는 별개이며 때로는 심지어 서로 모순되기도 한다. 예를 들어 재판 과정에서 변호사가 의뢰인의 범죄 증거를 발견해 제시하여 의뢰인에게 유죄 판결이 내려졌다고 하자. 사회 윤리적인 관점에서 본다면 많은 이들이 그의 행동에 찬성하겠지만, 어떤 나라에서는 직업 윤리를 위반한 행위로서 변호사 자격을 박탈당하기도 한다. 이러한 상황에서 변호사 양성 과정의 교사는 학생들에게 어떻게 가르쳐야 할까? 내 생각에 그가 할 수 있는 일이란 기껏해야 학생들에게 그 득실을 분석해

주고 스스로 결정을 내리도록 하는 것이다.

마찬 가지로 모든 번역 이론은 기껏해야 번역 작업 과정의 직업 윤리 문제를 다룰 뿐, 직업 윤리와 사회 윤리 사이에 일어날 수 있는 갈등에 대하여 보편적으로 적용되는 해결 방법을 제시할 수는 없다. 스코포스 이론이 해결할 수 없는 문제는 다른 이론 역시 해결할 수 없으며, 게다가 '윤리 강연'은 스코포스 이론의 설계 목적이 아니다. 따라서 우리는 스코포스 이론이 윤리를 '역설'하지 않는다고 비판할 수 없다.

## 4 응용 이론의 일반적 문제

두 가지 영향력 있는 응용 이론과 두 가지 버전의 스코포스 이론을 분석하고 비판한 후에는 응용 지향적 번역 이론의 문제를 총체적으로 살펴보는 것이 순서가 될 것이다.

Nida의 동태적 등가, Newmark의 어의적 번역과 소통적 번역 방법론, Nord 버전의 스코포스 이론은 대체적으로 모두 응용 이론이다. Vermeer 버전의 스코포스 이론은 순수 이론과 응용 이론의 성격을 모두 갖고 있는 듯하다.[9] 세 가지 이론이 응용 이론에 대한 일반적인 결론을 도출하는가를 판단하라고 누군가 요청한다면, 나의 대답은 한 가지 텍스트 유형에만 적용 가능한 응용 이론이라는 것이다. 이 이론들은 처방론적 특성을 가지면서 보편적으로 적용되는 번역 이론으로 주장된다는 점에서 공통점을 가지고 있다. 이는 지금까지의 응용 이론 가운데 전부는 아니더라도 대부분이

9) Vermeer는 자신의 스코포스 이론이 보편 이론이라고 밝혔다.(Vermeer 1996:26)

가지는 공통점이다. 단지 Vermeer 버전의 스코포스 이론만이 예외이다.

Nida와 Newmark 이론의 주요 문제는 원천 텍스트 시스템 지향적이라는 점이 아니다. Nord의 스코포스 이론과 같은 목표 언어 시스템 지향적인 처방론적 이론조차 어떤 번역 작업에 대해서는 마찬가지로 적용 가능성이 떨어지기 때문이다. 기본적으로 목표 언어 시스템 지향적인 다른 처방론적 번역 이론을 예로 들어 본다면, 바로 Lance Hewson과 Jacky Martn이 ≪Redefining Translation≫에서 주장한 이론이 바로 그것이다. 그들은 방언 번역 문제를 거론하면서 "번역자의 유일한 선택은 이러한 단어를 사용했을 때의 전반적인 효과를 판단하고 이에 근거하여 거시적인 문제의 층위에서 문제를 해결하는 것"이라고 규정하였다.(Hewson and Martin 1991:131) 이러한 처방은 여러 가지 이유로 인해 원천 텍스트 시스템 지향적인 전략을 채택한 번역자에게는 적용 불가능하다.

처방론적 이론이 어떤 번역 작업에 완벽하게 적용 가능하다고 해서, 이 이론이 다른 모든 작업에도 적용 가능하다는 의미는 아니다. 문제의 핵심은 모든 번역 작업은 다른 작업과는 다른 맥락과 목적을 필연적으로 가지며, 처방론적인 규범이 모든 종류의 맥락과 목적을 고려할 수는 없다는 점이다. 이 역시 이론과 실천의 모순이다.

하지만 모든 맥락과 모든 목적의 번역이 도달하기 위해 노력해야 하는 기준은 없을까? 이 문제에 대해서는 세 가지 측면에서 대답이 가능하다.

첫째, 기준은 분명히 있다. 바로 구체적인 문화 환경에 의해 결정되는 번역 규범이 그것이다. 하지만 번역 이론의 역할은 이러한 규범을 발견하는 것이지 스스로 규범을 정의하여 다른 사람에게 따르라고 요구하는 것이 아니다. Hermans의 말을 빌어보자.

> 인류 과학의 실험적 분야로서 번역학은 스스로의 규범을 번역 실천 과정에 강제할 필요가 없다. 나는 심지어 이러한 원칙을 번역학의 응용 부분에까지 확대하고자 한다. 응용 번역학에 종사하는 교사와 연구자가 번역이 서비스를 제공하는 사회 문화 시스템 속의 규범적 성격과 정오(正誤) 관념을 강조하는 것은 물론 올바르다. 하지만 그들은 그러한 규범을 자신의 규범으로 삼는 손쉬운 길을 걸어서는 안 되며, 자신의 이론적 예측에 따라 직접적인 규범을 도출해서도 안 된다. 이럴 경우 이 학문의 대상 층위(번역 현상)와 순수 이론적 층위(번역 현상을 논하는 학술적 담화)를 혼동하여 돌이킬 수 없는 결과를 낳기 때문이다. (Hermans 1991:166)

한걸음 더 나아가 번역 이론가들이 마치 입법가처럼 규범을 세울 권리는 없다고까지 말할 수 있다.

둘째, 규범이란 법률과는 다르다. 번역자가 규범을 따를 것인가는 스스로의 결정에 맡겨야 한다. 번역을 비평하는 근거는 어떤 이론의 규정이나 어떤 문화의 규범을 위배했는 지가 아니라 원하는 목적을 달성했는가에 두어야 한다.

셋째, Lefevere와 Bassnett의 지적처럼 "기준은 결국 영원 불변이 아님이 증명되는 문제를 항상 가지고 있다."(Lefevere and Bassnett 1990:3) 처방론적인 번역관을 기반으로 세워진 규범적 이론은 영원한 진리의 모습으로 나타나거나 적어도 영원한 진리 추구를 자신의 임무로 삼지만, 기준은 결국 문화 환경의 변화에 따라 변하기 때문이다. 하지만 사실상 기준이 특정 시기 특정 문화의 규범을 반영하는가조차 의문스럽다. 기준은 이론가의 개인적인 가치관만을 반영하기 쉽기 때문이다.

사회가 응용 번역학을 필요로 한다는 사실에는 의문의 여지가 없다. 하지만 지금까지 이 분야의 연구는 처방론과 규범주의의 속박에 묶여 앞으로 나아가지 못하고 있다. Toury는 응용 번역학은 "규범적일 수 밖에 없다. 학문과 현실의 거리를 줄인다고 해도, [......]이론의 다원성과 포용 범위를 높인다고 해도, 역시 그렇다."(Toury 1995:19)고 단정지었다. Vermeer 버전의 스코포스 이론이 번역자들에게 번역 목적을 실현하는 방법을 제시하는데 아직까지 그다지 큰 진전이 없었다는 사실이 이미 이 학설의 부정확성을 충분히 증명하고 있는 듯이 보인다.

그렇다면 응용 번역 이론은 어떻게 할 때 발전 가능한가? Lefevere의 말 속에서 해답을 찾아보자.

> [번역의] 난제는 사라질 수 있으며, 탐색을 통해 소위 '생산성' 있는 해결 방법을 찾을 기회는 아직도 남아 있다. [......] 난제를 일으키는 유일하면서 사라질 수 있는 원인이 진짜로 사라지기만 한다면, 번역 문학사조(translation poetics)의 성격이 더 이상 처방론적이지 않고 기술론적이기만 하다면—그 내용이 더 이상 일련의 처방이 아니라 번역자가 사용할 수 있고 이미 사용하고 있는 여러 가지 가능한 전략에 대한 기술이기만 하다면.
> (Lefevere 1992:101)[10]

10) 하지만 '문학사조(poetics)'라는 표현은 적절하지 못하다. 제5장 참고.

# 제 2 부

# 서구 순수 번역 이론 비판

# 04 폴리시스템 이론

Even-Zohar의 폴리시스템 이론은 사실상 문화 이론의 일종이다. 폴리시스템 이론은 번역학에 보다 폭넓은 이론적 틀을 제공하였으며, 사회문화적 맥락에서 번역 과정, 생산물 및 기능에 대한 기술론적인 연구를 가능하게 하였다. 이론은 실천이라는 시험대를 거쳐 끊임 없이 수정되어야 보다 완전한 모습을 갖추게 된다. 하지만 Even-Zohar 자신 및 Toury가 집중적으로 연구한 대상은 언어/문학 폴리시스템으로, 폴리시스템 이론은 충분한 발전을 이루지 못했다. 이에 따라 번역 폴리시스템 현상과 문화 속의 다른 폴리시스템 현상 사이의 관계는 아직 총체적으로 설명되지 못하고 있다.

이 장에서는 폴리시스템 이론의 공헌과 번역학 연구의 틀로서의 제한적 성격을 살펴보고자 한다.

## 1 번역학에 대한 폴리시스템 이론의 공헌

Even-Zohar의 폴리시스템 이론은 문학과 번역학에 일반적으로 적용되지만, 사실은 일반 문화 이론의 하나로서 모든 문화 현상 전반에 대한 연구 지침으로 활용 가능하다.

폴리시스템 이론에 따르면 모든 사회 기호 현상, 즉 기호에 의해 지배되는 인류 의사 소통 형식(언어, 문학, 경제, 정치, 이데올로기 등)은 서로 연관성 없는 요소로 이루어진 혼합체가 아니라 하나의 시스템으로 보아야 충분히 이해하고 연구할 수 있다. 이러한 사회 기호 시스템은 단일한 시스템이 아니라 서로 다른 요소로 구성된 개방적 구조이므로, 폴리시스템이 된다. 다시 말해 서로 다른 여러 개의 시스템으로 만들어진 시스템이다. 이 시스템들은 서로 교차하고 일부는 겹치며 각각 서로 다른 행동 방식을 갖고 있지만, 또한 서로 의존하여 하나의 통합적인 조직으로서 움직인다. 이 시스템들의 지위는 평등하지 않아, 어떤 시스템은 1차적 지위에 어떤 시스템은 2차적 지위에 놓인다. 하지만 폴리시스템은 또한 고정 불변이 아니다. 지위가 서로 다른 시스템은 1차적 지위를 차지하기 위해 영원히 투쟁한다. 모든 폴리시스템은 보다 큰 폴리시스템, 즉 문화 전체의 구성 부분이다. 따라서 필연적으로 문화 전체 및 전체 내의 다른 폴리시스템과 관련을 가진다. 이와 동시에 또한 그 문화의 다른 시스템과 함께 '메가/메크로-폴리시스템(mega-/mecro-polysystem)'을 이룬다. 다시 말해 모든 폴리시스템의 내부 변화는 고립적으로 보아서는 안 되며, 문화 전체 심지어 세계 문화라는 인류 사회에서 가장 큰 폴리시스템 내부의 변화 요인과 연관지어 연구해야 한다.(Even-Zohar 1990;1997)

예를 들어 문학 폴리시스템은 각각의 연구 필요에 따라 성인 문학과 아동 문학 또는 창작 문학과 번역 문학과 같이 서로 다르게 분류 가능하다.(Even-Zohar 1990:13) 전자는 일반적으로 1차적 지위를, 후자는 일반적으로 2차적 지위를 갖는다. 이 가운데 번역 문학은 다음과 같은 세 가지 상황에서 문학 폴리시스템에서 1차적 지위를 차지할 수 있다.

① 문학 폴리시스템이 아직 '만들어지는' 단계일 때
② 문학 폴리시스템이 큰 폴리시스템 속에서 주변적이거나 취약할 때
③ 문학 폴리시스템의 전환기, 즉 위기나 진공 상태일 때(이븐-조하 2000:118)

Even-Zohar는 모든 시스템의 생산물, 생산 및 사용 방식은 모두 '형식 창고(repertoire)'에 의해 통제된다고 하였다. 형식 창고는 규칙과 소재 두 부분으로 구성된다. 예를 들어 언어의 형식 창고는 문법 더하기 단어이다.(Even-Zohar 1990:39) 보수적인 시스템은 형식 창고가 정한 모델을 엄격히 준수하여 생산물을 생산하기 때문에, 예측 가능성이 높아 2차적(secondary) 생산물로 불린다. 혁신적인 시스템은 새로운 요소를 가져와 형식 창고를 확대하고 변화시키기 때문에 생산물의 예측 가능성이 점점 낮아져, 결과적으로 1차적(primary) 생산물이 된다. 1차적 모델이 형식 창고에서 지배적인 지위를 차지하여 시스템의 중심으로 들어갈 때 시스템에는 변화가 생긴다. 하지만 일단 중심으로 들어간 1차적 모델은 곧 고정되어 2차적 모델로 변모하고, 시스템은 안정된 상태가 되어 새로운 보수주의를 형성한다.(Even-Zohar 1990:21) 한 시스템의 행위 모델은 폴리시스템 속에서 자신이 차지하는 위치와 관계 있다. 번역 문학을 다시 예로 들면, 중심에 있을 때에는 1차적 모델 창조에 참여하여 자국의 전통적인 규범을 깨뜨리며, 주변부에 있을 때에는 자국 문학의 기존의 2차적 모델을 그대로 갖다 쓴다.(이븐-

조하 2000:122) 전자의 번역 전략은 목표 텍스트의 '충분성'을 중시하는 것이며 후자는 '수용성' 을 중시한다.11)

Even-Zohar는 객관적이고 학술적인 기술론적 연구를 주장하였다. 그는 폴리시스템을 연구의 틀로 삼을 때 가치 판단을 연구 대상 선택의 기준으로 삼아서는 안 된다고 보았다. 이러한 폴리시스템 이론을 통해서 과거에 주목 받지 못했던 심지어 배척되었던 현상이 연구 범위 속에 포함되는 것이 가능해졌을 뿐 아니라, 모든 폴리시스템을 총체적으로 인식하기 위한 필수조건이 되었다. 예를 들어 갖가지 방언의 맥락 속에서 연구하지 않으면 표준말을 충분히 기술하고 해석할 수 없으며, 문학 폴리시스템에 대한 역사 연구를 소위 '명저'로만 제한할 수 없게 되었다. 비록 '명저'가 문학 연구의 유일한 존재 이유라고 믿는 사람이 있기는 하지만 말이다. 일반 역사가 더 이상 위인의 일대기에 머물 수 없는 것처럼, 이러한 엘리트주의적인 문학사 연구는 제한적이다.(Even-Zohar 1990:13) Even-Zohar는 물론 연구 범위에 포함된 현상에 대해서 우열과 같은 가치 판단을 내리지 않았다. 중심 시스템을 옹호하고 주변 시스템을 배척하는 기존 관념에 대해서 그는 다음과 같이 비판한 바 있다.

> 공식 문화가 사회적으로 유일하게 수용 가능한 문화라고 간주하는 이데올로기는 중앙에서 통제하는 교육 제도 아래에서 모든 국민이 공식 문화를 받아들이도록 강제하며, 심지어 문화 연구자조차 [중심 문화와 주변 문화 사이의] 동태적 긴장이 일으키는 작용을 관찰하고 인식하지 못하도록 제약한다. 하지만 이러한 긴장이 있기에 문화가 효과적으로 유지된다. [……]모든 폴리시스템 속의 중심 시스템은 그를 대신하기 위해 싸우고

---

11) Even-Zohar가 말한 1차적/2차적, 혁신/보수에 우열의 의미는 없다.

> 위협하는 주변 시스템이 없다면, 답보 상태를 면치 못한다. [……]따라서 문화 쇠퇴 및 소위 '저급' 문화의 승리에 대한 한탄은 짜증스럽다. [……] '저급' 문화가 없다면, 또는 '고급'/공식/중심 문화에 대해 '저급' 문화가 진지한 압력을 가하지 못한다면, 생명력을 가진 '고급' 문화는 존재하기 힘들다. (Even-Zohar 1979:295~196)

텔아비브 학파는 '연구(research)'와 '비평(criticism)'을 혼동해서는 안 된다고 항상 강조해 왔다. 전자는 순수 학술 활동으로 객관적인 현상을 기술하고 해석하며 예측하는 데 목적이 있지만, 후자는 응용 학문으로서 객관 세계를 바꾸는 데 목적이 있기 때문이다.(Even-Zohar 1990:13; Toury 1995:9,17~19)

시스템 이론의 관점에서 텍스트는 문학 시스템의 유일한 구성원이 아니며, 심지어 문학 시스템의 가장 중요한 측면 또는 생산물조차 아니다. '문학'이라고 부를 수 있는 갖가지 활동과 관련된 모든 요소는 문학의 '외부' 요소가 아닌 '내부' 요소이다.(Even-Zohar 1990:33 참고)

Even-Zohar는 다음과 같은 그림으로 "문학 시스템의 역할과 관련된 거시적 요소'를 설명하였다. (Even-Zohar 1990:31~32)

기성 제도
형식 창고
생산자 소비자
시장
생산물

비록 "이러한 틀은 이 가설의 구성 요소에 대해서 그 중요성에 따라 처방론적으로 배열된 순서를 제공할 필요가 없다.(Even-

Zohar 1990:34)"라고 했지만, 그의 다음과 같은 정의를 보면 '기성 제도'는 전반적인 시스템을 통제하는 위치로 보인다.

> '기성 제도'는 문학이라는 사회 문화 활동의 각 요소를 유지하는 집합체이다. 기성 제도는 이러한 활동 가운데 유행하는 규범을 지배하며, 어떤 규범이 다른 규범을 배척하도록 허용한다. 문학의 기성 제도는 주도적인 지위를 차지하는 사회 기성 제도의 일부분이다. 이는 후자의 권위를 양도받아 생산자와 대리자의 상벌을 정한다. 공식 문화의 일부분으로서 이는 또한 사회의 기억 속에서 어떤 생산물이 보다 긴 시간을 지속할 것인지를 결정한다. (Even-Zohar 1990:37)

하지만 이는 단일하고 정태적인 구조가 아닌 다원적이고 동태적인 시스템이다.

> 기성 제도는 최소한 일부 생산자, (어떤 형식이든) '비평가', 출판사, 정기 간행물, 커뮤니티, 작가 그룹, 교육기관(대학 등), 각종 미디어 등을 포함한다. 물론 이 방대한 조합은 동질적인 전체를 구성하지는 않으며, 반드시 서로 행동이 일치하거나 인과 관계를 가질 필요는 없다. 기성 제도 내의 각 그룹은 주도권을 두고 서로 다툴 수 있으며, 각 시대마다 서로 다른 그룹이 기성 제도의 중심을 차지하여 집권자가 된다.
>
> (Even-Zohar 1990:37~38)

한 폴리시스템 내부의 상황은 "문화 전체의 폴리시스템과 서로 관련을 맺으며(Even-zohar 1990:93)" 모든 폴리시스템 속의 변화 요인은 모두 "반드시 문화 전체(사회)의 변화 요인과 함께 다루"어야 한다.(Even-Zohar 1990:89)

Even-Zohar의 관점에서 보면, 그의 연구 방식은 전통적인 연구 방식과 비교할 때 다음과 같은 뚜렷한 장점이 있다.

> 연구자는 텍스트와 모델(즉 성격, 특징)의 생산 과정에서 내린 결정이 사실상 전체 구조 속에서 텍스트와 모델이 처한 위치와 관계가 있음을 파악하지 못한 상황에서, 제한적 해석(번역학에서 말하는 소위 '오류, '오역', '졸렬한 모방' 등)만을 추구하게 된다. (Even-Zohar 1990:15)

이와는 반대로 "문학이 언어, 사회, 경제, 정치, 이데올로기 등과 어떤 관계를 맺는가라는 복잡한 문제에 대하여", 폴리시스템 이론이 제공하는 가설은 다른 이론처럼 단순화되지 않는다.(Even-Zohar 1990:23)[12)]

많은 학자들은 Even-Zohar의 문화 이론이 번역학에 큰 공헌을 했다고 평가한다. Gentzler(Gentzler 2001:123)는 다음과 같이 평가하였다.

> 번역학에 있어, 이론적인 측면에서 폴리시스템 이론이 갖는 주도적 지위는 분명하다. 앞선 이론들은 전통의 속박으로 인하여 정태적인 관점으로 번역이란 무엇인가라는 문제를 바라보았지만, Even-Zohar는 역사적 조건에 따라 '등가'와 '충분성'의 정의를 조정하여 번역학이 전통의 속박을 벗어나도록 하였다.

Bassnett은 많은 학자들이 폴리시스템 이론을 받아들이거나 수정하여 기술론적인 연구의 지침서로 삼고 있으며, 폴리시스템 이론은 "번역 분석의 성격을 바꾸었고, 현재 번역학으로 지칭되는 영역을 크게 확장시켰다."고 결론지었다.(Bassnett 1996:13)

---

12) 이 부분은 '폴리시스템 이론'의 수정판(Even-Zohar 1997)에서 이미 삭제되었다.

이들 연구자 가운데 가장 활발하고 두드러지는 연구 활동을 보이는 사람은 Even-Zohar의 동료인 Toury이다. 그는 폴리시스템 이론(특히 문학 번역 행위에 관한 가설)을 기반으로 목표 언어 시스템 지향적인 이론과 방법론적 틀을 발전시켜, 이를 '번역 규범'의 개념을 핵심으로 하는 기술론적 번역학에 적용하였으며 많은 사례 연구를 진행하였다.(Toury 1980; 1995)

Gentzler(Gentzler 2001:131)는 Toury의 이론이 여러 측면에서 번역학의 발전을 이끌어냈다고 평가하였다.

> (1) 일대일 대응의 관점을 버렸으며, 문학/언어 등가의 가능성(우연을 제외한)을 폐기하였다. (2)목표 언어 문화 시스템 속의 문학 경향을 번역 생산에 영향을 미치는 요소로 간주하였다. (3)원천 텍스트 정보가 고정되었다는 관념을 와해시켰다. (4)원천 텍스트와 목표 텍스트를 상호 교차하는 문화 시스템의 기호 네트워크 속에 결합시켰다.

## 2 폴리시스템 이론의 제한성

전체적으로 평가할 때 "Even-Zohar와 Toury의 시스템 이론은 번역학이 관념적 속박을 벗어나는 데 도움을 주고, 번역을 보다 잘 기술할 수 있는 방법을 찾았다."(Gentzler 2001:135) 하지만 그들이 진행한 사례 연구의 약점은, 언어 폴리시스템 및 문학 폴리시스템이 다른 폴리시스템(특히 정치와 이데올로기 두 시스템)과 맺는 상호 관계를 연구하는 데 이 이론을 충분히 활용하지 못했다는 점이다.

어떤 학자(Gentzler 2001:119 등)는 "Even-Zohar 본인의 연구와 가설은 주로 문학 분야에 집중되었다."고 비판하고 있다. Feldman

은 텔아비브 구조주의 학파가 "과학적인 이성과 객관성을 견지"하였기 때문에, "문학 사조와 정치적 문제에 있어서 이데올로기 투쟁을 문학 연구 밖으로 배제하는 입장을 취하였다."고 지적하였다.(Feldman 1985:28) Even-Zohar는 러시아 형식주의와 체코 구조주의는 프랑스 구조주의와 아무런 공통점이 없으며, 그 이유는 후자가 "비역사성, 형이상학 및 이데올로기적 편향을 보이기" 때문이라고 하였다.(Even-Zohar 1977:156; Feldman 1985:29 재인용) Even-Zohar가 말한 '이데올로기'는 '과학'에 상대적인 개념으로, 부정적인 의미를 갖는다는 점에 주목해야 한다.

텔아비브 학파의 이러한 입장에 대하여 Feldman은 다음과 같이 추측하였다.(Feldman 1985:34)

> 이스라엘의 현실 속에서 항상 존재하며 다른 모든 것의 상위에 있는 정치적인 문제를 두려워하였기에 과학이라는 비유가 그들에게 이처럼 큰 흡인력을 가졌다고 나는 생각한다. 이스라엘의 불안한 현실에 대한 방패막이로서 이성과 객관성이라는 착각이 필요했음에 틀림 없다.

1980년대부터 특히 1990년대 들어 Even-Zohar의 학문적 관심은 문화 전반으로 확대되어, 문학과 언어의 외부 정치에 주목하기 시작하였다. 프랑스, 이스라엘, 노르웨이 등의 언어 상황을 연구한 논문인 〈Language Conflict and National Identity〉(Even-Zohar 1986)와 〈The Emergence of a Native Hebrew Culture in Palestine:1882~1948〉(Even-Zohar 1990:175~191)에서 그는, 이데올로기를 모든 것을 결정하는 요소로 보았다. 하지만 이러한 사례 연구가 항상 폴리시스템 이론의 틀 속에서 엄격하고 명확하게 진행되지는 않았으며, 위에서 언급한 도식을 충분히 활용하지도 않았다. 전자에서

'폴리시스템'이라는 용어는 한번도 사용되지 않았으며, 후자에서는 '형식 창고'를 집중적으로 다루어 이 단어를 아홉 번이나 사용했지만 '기성 구조'는 두 차례만 언급되었고, '시장'은 전혀 다루지 않았다. 뿐만 아니라 후자의 경우 Gentzler의 적절한 비판을 빌자면, "Even-Zohar는 텍스트와 그들의 생산 '상황'을 거의 연관 짓지 않고, 가설의 구조 모델과 추상적인 개괄에만 집착하였다." (Gentzler 2001:121)

Even-Zohar는 '충분성(adequacy)'의 정의에 대해서도 역시 언어와 문학 시스템에 국한시켰다. 그는 "충분성 있는 번역은 곧 목표언어 속에서 원천 텍스트의 텍스트 관계를 체현하는 것이며, 동시에 목표 언어의 기본적인 언어 시스템을 파괴하지 않는 것이다."(Toury 1995:56 재인용)라고 하였다. Toury의 설명은 좀 다르다. '충분성'은 원천 텍스트부터 시작해 원천 텍스트 언어와 문화의 규범까지 모두 준수하는 것을 의미하며, '수용성(acceptability)'은 목표 언어 문화의 규범을 준수하는 것이다.(Toury 1995:56~57) 사실상 이 두 용어가 지칭하는 대상의 범위를 언어와 문학 규범에서 모든 문화 규범으로 확대한 것이지만, 애석하게도 Toury는 자신의 연구 속에서 새로운 정의의 잠재력을 발휘하지 못하였다.

사실상 Toury의 기술론적 번역학은 문학 폴리시스템을 벗어나지 못하였다. 〈Translational Norms and Literary Translation into Hebrew: 1930~1945〉를 보면, 목표 텍스트에 대한 분석은 언어, 텍스트, 문학 층위에 집중되어 있으며 작품의 이데올로기 변화에 대해서는 전혀 언급하지 않았다. 선택된 텍스트가 "전쟁 반대, 평화주의, 인도주의적 정보가 분명하거나" 아니면 "사회적 심지어 사회주의적 경향"이 있는 작품 또는 "유태인 작가나 주제"였기 때문에, 이데올로기가 텍스트 선택을 지배하는 예비 규범에 영향을 미쳤다고 이 글은 밝히고 있다.(Toury 1980:125, 134) 하지만 이러한 작품 특히 사회주의 작품 선택이 과연 어떤 사회 문화 요소의 영향을 받은 것일까? 목표 언어 문화의 가치관과 결코 양립할 수 없는 문화적 요소, 예를 들어 성적 묘사는 또한 어떻게 처리해야 하는가? 히브리어로 번역한 로렌스(D.H.Lawrence)의 몇 작품(Toury 1980:124)에 삭제된 부분은 없는가? 모두 문화 연구자가 흥미를 가질 만한 주제였지만, Toury는 전혀 다루지 않았다.[13)]

문학 외의, 특히 이데올로기와 정치 분야의 요소에 대하여 Toury는 고의적으로 회피하였다. 그는 문학 번역이 비판적 토론에 매우 편리한 주제라고 하면서, 그 이유의 하나는 "국가(國歌)나 ≪성경≫ 번역에 대한 토론이 필연적으로 관련을 맺는, 수많은 이데올로기 분야의 금기를 피하기 때문"이라고 하였다.(Toury 1995:169~170) 정치를 회피하는 그의 태도는 일부 학자들의 비판을 받았다. Tejaswini Niranjana는 Toury를 예로 들어 "번역학이 번역에 영향을 미치는 권력 관계를 외면할 뿐 아니라, 번역본의 역사성 또는 그 실제 역할의 역사조차 무시한다."고 비판하였다.(Niranjana 1992:59~60; Hermans 1996:41 참고)

Toury의 사례 연구는 번역의 사회 문화적 맥락을 무시하였을 뿐 아니라, 번역 과정과 그 직접적 맥락 사이의 관계를 전혀 다루지 않았다. Toury는 일반적인 연구에서 손에 넣을 수 있는 것은 원천 텍스트와 목표 텍스트뿐이며, 얼마나 많은 사람들이 번역본 생산에 참여했는지는 알 수 없으므로 모든 결정을 번역자의 것으

13) 한 이스라엘 학자는 이스라엘 문학 번역의 이데올로기 조정 현상에 대하여 지적하였다.(Ben-Ari 2000) Toury의 사례 연구가 포괄하는 16년 동안 이러한 현상이 없었을 가능성은 별로 없다.

로 돌릴 수 밖에 없다고 말한 바 있다. 만약 이러한 텍스트 비교의 목적이 목표 텍스트와 원천 텍스트의 관계 기술에만 있다면 아무 문제가 없을 것이다. 하지만 한 걸음 더 나아가 이러한 관계를 해석하고자 한다면, 연구 범위는 모든 생산 과정과 관련된 수정, (후반기) 편집, 교정과 같은 '갖가지 활동'을 포함하여, "번역 생산 과정에 참여한 모든 사람이 같은 관점을 가졌는지, 규범 문제에 대하여 (직간접적인) 협상 심지어 다툼이 없었는지", "만약 이러한 이견이 있었다면 누가 결국은 주도권을 쥐었는지, 그리고 무엇에 근거하여 주도권을 차지했는지"를 이해해야 한다.(Toury 1995: 183~184) 필요한 자료의 부족으로 인하여 Toury의 사례 연구는 목표 텍스트와 원천 텍스트의 관계를 기술하는 데 그쳤으며, 충분성과 수용성이라는 두 극단 사이에 목표 텍스트가 어디쯤에 있는 지를 평가하는 데 머물렀다.

Toury는 ≪In Search of a Theory of Translation≫에서 "번역본에 대한 연구와 기술"이 "양 극단 사이의 실제 위치를 정하는 것만은 아니어야" 한다(Toury 1980:55)고 주장했지만, 이 책을 대신하기 위해 쓰여진 ≪Descrptive Translation Studies and Beyond≫(Toury 1995)에서는 이러한 표현이 사라졌다.(Toury 1995:3 참고)

Toury의 연구 결과는 항상 번역 문학의 위치와 행위 간의 관계가 분명히 존재한다는 Even-Zohar의 가설을 증명하는 듯이 보인다. 이론적으로 그 역시 "주류의 (또는 유행하는), 기존의, 새로운 세 가지 상호 경쟁적인 규범"이 동시에 존재할 수도 있다고 인정하였으며, '비규범적인 행위'가 발생 가능할 뿐 아니라 심지어는 시스템의 변화를 가져오기도 한다고 인정하였다.(Toury 1995: 62~64) 하지만 그의 연구 결과는 항상, 연구 대상 가운데 역할을 하는 것은 당시 주류 규범임을 보여준다. 따라서 Gentzler는 Toury

의 실험적 연구가 "가설에 위배되지 않는, 부합하는 현상만을 기록"했다고 비판하였다.(Gentzler 2001:130)

사실상 Even-Zohar와 Toury의 연구 결과에만 이런 경향이 있는 것이 아니라, 그들의 이론 역시 그러하다. Toury는 "대규모 연구를 진행한다면, 번역 규범[……]이 번역 활동 및 그 생산물이 목표 언어 문화 속에 차지하는 위치에 의해 거의 전적으로 결정된다는 사실을 발견하게 될 가능성이 크다."고 예견하였다.(Toury 1995:61) Even-Zohar는 또한 문학 "역시 '작가'를 생산하며, 작가는 문화 전체 속에서 점진적으로 확립된 모델에 따라 글을 쓴다. 이들은 어쩔 수 없이 권력의 생산물일 뿐 아니라[……] 권력이 허용하는 형식 창고의 대리인이자 지지자이기도 하다."고 밝혔다.(Even-Zohar 1997a:29)

Even-Zohar와 Toury의 학문적 관심이 문학 시스템의 일부 측면에만 집중된 까닭은 무엇일까? "번역 활동 속에서 나타나는 모든 현상"(Toury 1980:62)이 이미 충분하게 해석되었단 말인가? Gentzler의 말처럼, 구조주의에 뿌리를 두고 있기 때문에 그들은 처음부터 모순과 변이보다는 통일과 일치를 찾는데 심취하였던 것으로 보인다.(Gentzler 2001:122,130) 하지만 이것이 과연 현실을 대하는 올바른 태도인가? Hermans는 "규범의 존재가 예외나 독특한 행위가 발생하지 않는다는 의미는 아니다. 규범은 또한 이를 부수려는 의도를 가진 사람을 막지 못한다."고 지적하였다.(Hermans 1991:162) 특히 문학 분야에서 문학 규범의 구속력은 비교적 약하다.(Hermans 1996:43) 수많은 사례 연구가 증명하듯이, 번역은 "문화 투쟁의 무기로서 이미 확립된 시스템의 규범을 부수는 데 사용될 수 있으며,"(Gentzler 1996:120) 심지어 "사회 항거의 극단적인 형식"이 될 수도 있다.(Bassnett 1996:13) 이러한 예는 히브리 문화 안에는 존재하지 않는 것일까, 아니면 그냥 무시되고 만 것일까?

보다 중요한 문제는 폴리시스템 이론의 틀 속에서 번역 문학의 투쟁 행위를 충분히 해석하는 방법이 무엇인가이다. 문학 시스템 속에서 번역이 어떠한 위치에 있든 이러한 상황은 언제나 발생 가능하며, 이러한 번역이 준수하는 규범은 주류 규범이 아닐 수도 있으며, 주류 규범이라고 하더라도 우연에 불과할 수도 있다.

게다가 이러한 행위의 생산물이 Toury가 말한 범위 밖에 존재할 수도 있다. Toury(Toury 1980:34)는 "모든 목표 텍스트는 충분성(즉 원천 텍스트 지향적)과 수용성(즉 목표 언어 지향적)이라는 두 가설의 극단 사이의 어떤 지점 위에 있다."고 하였다. Zlateva는 "이 말은 목표 텍스트가 원천 텍스트에 대해서는 충분하며 동시에 목표 언어에서도 수용 가능할 수 있음을 완전히 부정하는 듯하다"고 비판하였다.(Zlateva 1990:29) 이 비판은 합리적이지 못한 것 같다. 그러한 경우 두 가설의 양 극단이 매우 근접하거나 심지어 서로 맞닿아 있다고 볼 수도 있기 때문이다.[14] 하지만 Toury의 말은 분명 목표 텍스트가 충분성에서도 수용성에서도 모두 멀어질 수 있는 가능성을 배제하고 있다. 하지만 실제로 여러 가지 요인으로 인하여 이러한 목표 텍스트가 매우 많다. 번역의 목적이 번역자로 하여금 두 극단을 잇는 축을 일부러 벗어나도록 요구함으로써, 생산물을 원천 텍스트 지향적이지도 목표 언어 시스템 지향적이지도 않은, 어떤 면에서는 번역자 자신 지향적인 것으로 만들기도 한다. 또 하나의 가능성은 바로 번역자의 역량 부족이다. 충분성에 도달하려면 번역자는 최소한 매우 높은 수준의 이중언어를 갖추어야 하며, 수용성에 도달하기 위해서는 두 문화를 모두

14) Hermans는 Zlateva의 비판이 '충분성'과 '수용성'에 대한 분명한 오해에서 나왔다고 비판하였다.(Hermans 1995:219)

경험해야 하기 때문이다. 히브리어 번역 작품 속에서는 이러한 상황조차도 전혀 없단 말인가?

Hermans는 "문화의 한 범주 속에서 부딪히는 현상은 문화 전체를 구성하는 현상 속에서 관찰해야지만 이해 가능하다"고 강조하였다.(Hermans 1996:47) 이것이 바로 근본적인 문제이다. 문화 전체의 폴리시스템에 대한 Even-Zohar의 가설은 총체적 이해를 위한 틀을 제공했지만, 번역 문학의 행위와 지위 사이의 관계에 대한 그의 가설과 Toury의 번역 규범 개념은 언어/문학 폴리시스템에 갖힌 나머지 이 틀을 벗어났으며, 심지어 기성 제도가 규범을 지배한다는 Even-Zohar 자신의 말조차 잊어버린 듯하다. 결과적으로 그들의 연구 결과와 그 귀결은 번역 행위에 영향을 미치는 다양한 사회 문화 요소를 무시하였으며, 그 결과 Even-Zohar 자신이 말한 '제한적 해석'에 불과하게 되었다. 예를 들어 번역 문학의 행위는 문학 폴리시스템 속의 지위만으로 결정될 수 없다. 문화 전체에서 다른 폴리시스템에 대한 문학 폴리시스템의 상대적인 지위 역시 결정 요인의 하나로만 보아야 한다.

어떤 이론이 보다 정교해지기 위해서는 그 틀 안에서 전개되는 실험적 연구라는 테스트를 받아야 하며, 그 연구 결과에 따라 수정해야 한다.(Toury 1995:266) 기술론적 분야에만 국한된 Even-Zohar와 Toury의 연구는 거꾸로 폴리시스템 이론의 발전을 제약하여, (번역) 문학과 문화 전체에 대해 더 깊이 있는 관계를 밝힐 수 없었다. Even-Zohar는 번역 문학의 행위와 지위 사이의 관계에 대하여 상세하게(항상 엄밀하지는 않았지만) 설명하였지만, 문학 폴리시스템과 같은 문화 속의 다른 폴리시스템(특히 그가 말한 기성 제도) 사이의 상호 작용에 대해서는 설명이 지나치게 단순하고 낮은 수준에 머물렀다.

폴리시스템 이론의 기본 원칙은, 문화를 많은 시스템으로 구성된 시스템으로 본다는 것이다. 하지만 이 '문화 전체 시스템'(Even-Zohar 1990:93)은 어떤 부분으로 구성될까? 1990년 버전의 '폴리시스템 이론'은 이데올로기와 정치를 언어, 사회, 경제와 함께 개별적인 '문화 시스템'으로 간주하였다.(Even-Zohar 1990:22~23) 하지만 1997년 신판에서는 이 표현이 삭제되었다.

Cattrysse는 다음과 같이 평가하였다.(Patrick Cattrysse 1997:54)

> 시스템과 서브시스템 사이의 (체계적) 관계에 대한 연구는 다음과 같은 일련의 흥미로운 문제를 수반한다. 두 개의 서로 인접한 (서브)시스템(정치와 경제 또는 문학 사조와 과학 등)을 전혀 상관 없는 시스템으로 연구/처리할 수 있을까? 서브시스템은 서로 어떻게 연관되는가? 이들은 문화 전체 폴리시스템을 어떻게 구성하고 변화시킬까? (서브)시스템의 상호 관계 및 전체 환경 속에서 그들의 통합적 역할을 철저하게 연구할 때만이 위와 같은 질문에 대한 가능성과 그 방법을 찾아낼 수 있다.

문화 폴리시스템 속의 각 시스템을 분류하는 방법이 아직 갖추어지지 않고 그들 사이의 상호 관계도 연구되지 않은 상황에서는, 위와 같은 몇 가지 흥미로운 문제 역시 대답을 얻을 수 없을 것이다.

Toury의 기술론적 번역학 역시 같은 문제가 있다. 그는 한편으로는 목표 텍스트가 원천 문화 및 목표 문화의 언어, 문학 시스템과 맺고 있는 관계를 분석하기 위해 매우 상세한, 심지어 과도하게 세심한 틀을 설계하였다. 하지만 그가 실행 규범(operational norm)을 다시 '형체 규범(matricial norm)'과 '텍스트-언어 규범(textual-linguistic norm)'으로 세분한 것은(Toury 1995:58~59) 불필요해 보인다. Toury는 자신의 ≪Descrptive Translation Studies and

Beyond≫에서 이론 부분에서만 이 두 가지 분류를 남겨두었을 뿐, 사례 연구 부분에서는 이를 전혀 활용하지 않았다. 또 한편 번역 과정의 각종 활동 및 번역 활동과 그 문학 외 맥락 사이의 관계를 기술할 수 있는 틀은 아직 없다.

번역을 둘러싼 외부 정치를 연구하는 학자에게, Even-Zohar의 폴리시스템 이론은 또 다른 문제가 된다. 즉 문화, 사회 등을 '기호가 주도하는 인류 의사 소통 형식'으로 본다는 점이다.(이븐-조하 2002:20) Lambert는 이러한 비판에 동의하지 않겠지만,(Lambert 1997:9) 이는 폴리시스템 이론이 기호학 또는 통신과학 지향적이지 결코 행동이나 사회 지향적이지는 않음을 의미한다.

Even-Zohar의 폴리시스템 이론이 '모델과 형식 창고'와 같은 추상적인 개념을 강조할 뿐 '실제 정치와 사회 관계 또는 기성 제도와 단체와 같은 실체'를 강조하지 않는 이유는(Hermans 1999:118) 그가 기호학에 뿌리를 두고 있기 때문인 것으로 보인다. 기호학의 길을 따라 문화를 연구하는 이유는 문화 심지어 현실이 기호를 통해 표현되기 때문이다. 하지만 기호는 현실의 표면적인 반영일 뿐이다. 따라서 문제는 우리가 기호학 연구를 통해서 기호 배후에 숨어 있는 현실 자체를 인식할 수 있는가이다. 하지만 사회 문화적 관점에서 볼 때 현실이야말로 핵심이다. 언어학 심지어 사회언어학조차 번역 결정을 좌우하는 사회 문화 요인을 깊이 있게 파고들 수 없다.(베누티 2000:109) 마찬가지로 사회, 문화, 번역 등을 권력이 주도하는 인류 조직 또는 활동 형식으로 보는 번역학자에게 사회기호학이 가장 적절한 연구 방법론이 되기는 힘들 것이다.

## 05 두 가지 문화적 전환

1980년대 초 폴리시스템의 영향으로 나중에 '조작학파'로 불리는 일군의 학자들이 이론 및 기술론적 번역학에 적극 뛰어들어, 번역학의 '대규모 확장'을 일구어 냈다.(Bassnett 1996:13) 후에 Toury가 문학 폴리시스템에 아직 전념하고 있을 때, 이 학자들은 '문화연구 모델'을 채택하여 '후원자, 사회 조건, 경제, 기성 제도 조작과 같은 문학 외적 요소'와 '번역의 선택 및 문학 시스템 속의 그 작용 방식'을 연관지어 연구하여(Gentzler 2001:136, 119) 소위 '문화적 전환'을 이루었다.(Lefevere and Bassnett 1990:4) 하지만 그들은 폴리시스템 이론이 번역과 각종 문화 현상의 복잡한 관계 연구에 충분한 틀을 제공하지 못한다고 인식하고, 이 이론의 '과도한 구조주의적 기원'에서 탈피하였다.(Bassnett 1993:146)

Lefevere는 폴리시스템의 용어를 탈피하여 자신의 용어로 바꾸었다. 그의 시스템은 번역학에 새로운 공헌을 하였지만 연구 지침서적인 이론으로서는 아직 정교하지 못 하다.

Hermans는 실험 번역학을 연구하려면 보다 완벽한 이론과 방법론적 틀이 필요하다고 인식하고, 폴리시스템 이론의 규범 개념을 확대 및 보완하여 번역 현상의 다양한 결정 요소를 분석하고자 시도하였다. 하지만 사실상 보완이 필요한(또한 가능한) 것은 폴리시스템 이론 전체이지 규범 개념만은 아니었다.

이와 동시에 폴리시스템 이론을 처음 제시한 Even-Zohar는 또 다른 종류의 '문화적 전환'을 하였다. 그는 문학 및 번역학을 주요 대상으로 하는 자신의 이론적 특징을 버리고 이를 보편 문화 이론으로 수정하였다.

제5장에서는 두 가지 문화적 전환을 비교하여, 폴리시스템 이론을 벗어났지만 여전히 문제를 해결하고 있지는 못하고 있다는 사실을 지적하고자 한다.

## 1 Lefevere 버전의 시스템 이론

문화적 전환은 Lefevere의 저서에서 가장 뚜렷하게 나타난다. 그는 러시아 형식주의의 시스템 이론을 유지한 채 문화를 문학, 과학, 기술과 같은 시스템으로 구성된 복합 시스템으로 보고, 문학 외의 현상이 문학과 필연적으로 상호 작용을 한다고 보았다.(Lefevere 1992:11) 한편 그는 "새로운 용어를 끌어와 문학에 대한 문학 외 요소의 영향을 보다 훌륭하게 분석하였다."(Gentzler 2001:136) 일반적으로 Lefevere의 용어 가운데 이데올로기, 문학사조(poetics), 후원자(patron)를 핵심 용어로 본다.(Hermans 1996:41) 이데올로기가 주목하는 것은 사회가 어떠해야 하거나 또는 어떠할 수 있느냐이며, 문학사조가 주목하는 것은 문학이 어떠해야 하는가 또는 어떠할 수 있는가이다.(Lefevere 1992:14) 문학사조는 두 개로 구성되는데, "하나는 문학 기교, 장르, 주제, 전형적 인물과 스토리, 상징과 같은 리스트이며, 다른 하나는 전체 사회 시스템 속에서 문학이 어떠한 역할을 하거나 해야 하는가 하는 관념"이다. 후자는 "문학사조의 범주 외에서 온 이데올로기의 영향과 밀접한 관계가 있으며, 문학 시스템 환경 속에서 각종 이데올로기의 힘에 의해 생산된다."(Lefevere 1992:26~27) 후원자는 "문학의 읽기, 쓰기 및 개작을 장려하거나 억제하는" 권력자 또는 기관으로서 개인이나 단체, 종교 조직, 정당, 사회 계층, 궁정, 출판사 및 신문, 잡지, 방송국과 같은 미디어가 있다.(Lefevere 1992:15)

Lefevere는 문학 시스템이 사회 속의 다른 시스템에서 과도하게 이탈하지 않도록 보장하는 이중의 통제 요소가 있다고 지적하였다. 하나는 문학 시스템 속에 있는 것으로 비평가, 평론가, 교사, 번역자와 같은 '전문가'가 대표적이며, 일반적으로 개작의 방법으로 문학 작품이 당시 문학사조와 이데올로기를 받아들이도록 만든다. 또 하나는 문학 시스템 외에 있으며, 이는 '후원자'라고 부를 수 있다. 후원자는 조직을 만들어 문학 창작을 관리하거나 최소한 그 발행을 관리한다. 학술 기관, 검열 기관, 평론 잡지 등이 여기에 속하며, 이 가운데 가장 중요한 것은 교육 기관이다. 후원자는 일반적으로 문학의 이데올로기에 주목하는 편이며, 문학사조의 통제권 아래 전문가들을 거느린다. 후원자는 작품의 이데올로기 및 작가의 경제적 수입과 지위를 통제한다. 미분화된(undifferentiated) 후원 매카니즘은 한 후원자가 세 측면을 통제하는데, 고대 절대 통치자와 현대 독재 국가가 바로 그러하다. 분화된(differentiated) 후원 매카니즘은 서로 다른 후원자가 각각의 측면을 통제한다.(Lefevere 1992:14~17)

Gentzler는 Lefevere의 글이 "폴리시스템 담론 특유의 과학적 용어를 피했기에" 이해하기 쉽다고 평가하였다. 가장 전형적인 예는 '번역 문학사조'라는 용어이다. Lefevere의 해석에 따르면 '번역 문학사조'가 곧 "Toury가 지겹도록 여러 번 사용한 '번역 규범'"이다.(Lefevere 1992:104) 사실상 그의 저작 가운데 어떤 부분은 폴리시스템 이론의 '번역'처럼 보이기도 한다. 예를 들어 자기 사회의 담론 세계에 상대적으로, 원작이 반영한 담론 세계에 대해서 번역자가 어떠한 태도를 취해야 하는 지를 그는 다음과 같이 설명하고 있다.

> 이 태도는 원작의 지위, 목표 언어 문화의 자기 이미지, 그 문화가 받아들일 수 있는 텍스트 유형과 언어 층위, 독자 및 독자가 쉽게 받아들이는 또는 받아들이고 싶어하는 '문화 각본(cultural scripts)'의 영향을 크게 받는다.
>
> 원천 문화와 목표 문화 속에서 원천 텍스트의 지위는, 중심과 주변부 사이의 어떠한 지점이라도 모두 가능하다.(Lefevere 1992:87)

Even-Zohar의 저작과 Toury의 사례를 읽어본 사람에게 이 부분은 그다지 새로운 의미가 없다.

Lefevere가 이데올로기, 문학사조, 후원자 세 요소가 번역에 결정적인 역할을 한다고 강조한 것이 번역학에 대한 새로운 공헌이라고 Hermans는 보았지만, 또한 이 세 용어가 "너무 당연하고 너무 협소해서 또한 그래서 너무 두리뭉실하여, 문학 위주의 사회 맥락이라는 큰 방향만을 지적할 뿐 깊이 있는 연구의 지침서가 되기는 어렵다"고 비판하였다. Hermans는 일련의 예를 들어가면서 Lefevere의 저작은 이론적 틀로서는 "여전히 조잡하고" "통일성이 부족"하다고 설명하였다.(Hermans 1994:139~142)

여기에서 Hermans의 비판을 부연 설명하자면, 먼저 '문학사조'라는 용어는 너무 모호하여 혼동을 일으키기 쉽다. 다음의 글이 한 예가 될 것이다.

> 문학 작품에 번역이 어떤 이미지를 투사하는가는 기본적으로 두 가지 요인으로 결정된다. 가장 중요한 것은 번역자의 이데올로기(번역자 자신이 신봉하든 아니면 어떤 형식의 후원자가 강제하든)이며, 두 번째는 번역할 때 수신자 문학 속에서 주도적 지위를 차지하는 문학사조다.
>
> (Lefevere 1992:41)

왜 두 번째 요인이 "번역자의 문학사조"가 아니라 "…… 수신자 문학 속에서 주도적 지위를 차지하는 문학사조"인가 하는 문제는 일단 접어두자. 사람들이 답답하게 생각하는 점은 '문학사조'가 가리키는 것이 과연 '문학사조'와 '번역 문학사조' 가운데 어느 것인가, 아니면 두 가지 모두를 가리키는 것인가이다. 앞에 아무런 수식어가 없으면 분명 '문학사조'일 것이다. 하지만 '번역 문학사조'는 아무런 영향력이 없단 말인가? '문학사조'와 '번역 문학사조'가 서로 충돌하는 경우가 많다는 점을 기억하자. 번역을 제약하는 규범은 창작을 제약하는 규범과 다를 수 있으며, Toury가 이 점을 지적한 바 있다.(Toury 1995:71)

Lefevere는 '번역 문학사조'가 Toury가 말한 '번역 규범'과 같다고 말했다. 그렇다면 '문학사조'는 폴리시스템 이론의 '규범'과 같은 것일까? 사실 서로 다르다. 문학사조는 문학 시스템에 속하는 것이며, 언어 시스템의 어법이나 법률 시스템의 법규처럼 모든 시스템은 자신의 (광의의) 규범을 가지고 있기 때문이다. 이러한 갖가지 규범은 Lefevere의 문학사조 개념으로는 포괄할 수 없다. 번역 문학사조가 있다면 언어 문학사조도 있을 수 있고, 법률 문학사조도 있을 수 있단 말인가. 하지만 이는 Lefevere의 이론과 '문학사조' 개념 자체를 지나치게 확장하는 것이다. 게다가 Lefevere의 정의를 보면, 문학 시스템만을 다룬다면 '문학사조'는 폴리시스템의 "모든 특정 생산물의 제조와 처리에 대한 지배나 생산 및 소비의 규칙과 소재의 집합체"(Even-Zohar 1997a:20)라고 표현된 '형식 창고'와 더 유사하다.

'문학사조'의 정의 자체에 문제가 있는 듯이 보인다. Lefevere의 말에 따르면, 문학사조는 문학이 어떠해야 하는가 또는 어떠할 수 있는가에 관심을 갖는다. 바꾸어 말하면 문학사조의 기능은 문학 창작을 지도하는 것이다. 하지만 문학사조의 첫 번째 구성 부분은 소재들로 이루어진 리스트에 불과하다. 이러한 소재(예를 들어 각운)를 사용할 수 있는 지, 어떻게 사용하는지 등에 대해서는 두 번째 구성 부분만 가지고는 결정할 수 없다. 또한 전체 사회 시스템 속에서 문학이 어떠한 역할을 해야 하는가는 처방론적인 개념이고, 어떤 역할을 하는가는 기술론적 개념이다. 하지만 문학사조는 처방론적일 뿐이어서, Lefevere가 말한 "번역 문학사조의 성격이 더 이상 처방론적이지 않고 기술론적이기만 한다면—그 내용이 일련의 처방이 아니라 번역자가 사용할 수 있고 이미 사용하고 있는 갖가지 가능한 전략에 대한 기술이 되는 것(Lefevere 1992:101)"은 근본적으로 불가능하다.(Hermans 1994:41 참고) 사실상 번역 문학사조가 번역 규범과 같다면 어떻게 처방론적이지 않을 수 있겠는가?

수평적인 각도에서 볼 때 '문학사조'는 모든 문화 시스템의 규범을 포괄할 수 있는 능력이 없으며(이데올로기를 추가한다고 해도 불가능하다), 수직적인 각도에서 볼 때 '문학사조'는 '형식 창고'

와 '규범' 두 가지 서로 다른 층위의 개념을 하나로 통합할 능력이 없다. 따라서 Lefevere의 이론은 용어가 너무 제한적이고 모호해서 깊이 있는 연구에 적용하기에는 부족하다.

Lefevere는 폴리시스템 이론의 용어를 탈피하면서 동시에 반처방론적 입장에서도 어느 정도 탈피하였으며, 이는 근본적으로 Lefevere와 폴리시스템 학자의 공통점이다.

Lefevere는 "어떤 면에서 번역은 여전히 규범적인 작업이다. 번역자는 사전의 정의를 성실하게 수용하는 편이 가장 좋다. 예를 들어 Catullus의 'passer(참새)'를 'hippopotamus(하마)'로 번역해서는 안 된다."(Lefevere 1992:101)고 말한 바 있다. Hermans는 이 구절이 Lefevere의 "태도가 매우 규범적이며 유달리 천진함"을 설명해준다고 보았다.(Hermans 1994:141) 좀 더 보충하자면, 번역자는 Lefevere의 이 말에 따르지도 않으며 따를 필요도 없다. 예를 들어 문화 고유의 단어를 처리할 때 사전의 정의를 수용할 필요는 없다. 사실상 사전 편찬 자체가, Lefevere 자신의 말을 빌자면, 언어의 '개작'이며 '권력을 위한 서비스'다.(Bassnett and Lefevere 1992: vii)

Lefevere는 '충실한(혹은 보수적인) 번역자'와 '융통성 있는(spirited) 번역자'에 대해 '기술'할 때 전반적으로 보면 후자에 기울었다. 예를 들어 그는 "보수적인 번역자가 주의를 기울이는 측면은 단어나 문장이며, '융통성 있는' 번역자가 주의를 기울이는 측면은 문화 전반 및 문화에 대한 텍스트의 기능"이라고 말하였다.(Lefevere 1992:51) 하지만 이 두 가지는 근본적으로 서로 배치되는 것이 아니다. 어떤 '보수'적인 번역자가 단어나 문장에 주의를 기울이는 것은 사실상 문화 속에서 텍스트가 발휘하는 모종의 예상되는 기능을 위한 것이기 때문이다. 루쉰(魯迅)이 바로 이러한 번역자였다.

Lefevere가 언급한 윌리엄 제임스 히키(William James Hickie) 역시 이러한 번역자였다. 히키가 본 클래식 문고(Bohn Classical Library)를 위해 번역한 그리스 극작가 아리스토파네스(Aristophanes)의 희극 《여자의 평화 Lysistratē》는 "일반적으로 충실의 전형으로 간주된다" 하지만 Lefevere의 기술(Lefevere 1992:41~42, 50~51, 53~54)에 따르면 이는 사실상 '소독을 거친' 번역본이다. Lefevere는 히키가 '충실한 번역자'에 속한다고 보고, 그들은 "자구에 얽매어 전체 스토리 심지어 전체 텍스트 속에서 이 자구의 기능을 보지 못했다."(Lefevere 1992:55)고 평가하였다.

> 히키는 자신이 무엇을 오역하고 왜 오역했는가를 잘 알고 있었다. 어떤 초자연적인 힘이 갑자기 그의 기억을 잃게 만들거나 혹은 그의 사전 속에서 관련된 한 페이지를 찢어버린 것도 아니었다. 근본적으로 그의 이데올로기가 종이에서 자신이 본 것을 번역하도록 허용하지 않은 것이다. 그는 그러한 이데올로기의 요구에 굴복했으며, 결과적으로 원천 텍스트를 어이없게 번역했다.(Lefevere 1992:52)

이를 통해서 볼 때 '충실한 번역자'는 사실상 그다지 충실하지 못했으며, 그는 단어와 구절에만 주의를 기울였을 뿐 아니라 텍스트 기능에도 주의를 기울였음을 알 수 있다. 문제는 만약 번역자에게 명확한 목적이 있어, 자신이 신봉하는 또는 다른 사람에 의해 강제된 문학사조와 이데올로기에 따라 번역한다면, 또한 자신이 무엇을 하고 있으며 그렇게 하면 어떤 결과가 나타날 지 안다면, 기술론적 연구에 종사하는 학자가 자신이 신봉하는 규범으로 이러한 번역자의 번역을 평가할 권리가 있는 것일까?(Vermeer 1989:176 참고)

Gentzler는, Lefevere가 "자신의 연구에서 더 이상 완전한 객관성을 추구하지 않았으며, 누구도 자신의 이데올로기를 벗어날 수 없다고 선언하면서, 객관적이라고 자칭하는 그 어떤 학문도 사실은 '불성실'하다고 말했다."고 비판하였다.(Gentzler 2001:138) 비록 Lefevere의 원래 발언은 어떤 학문이 아니라 '모든 비판'이었지만,(Lefevere 1985:217~219) 그의 이러한 관점은 기술론적 학문에 대해서도 성립한다. 하지만 Lefevere는 ≪Trnaslation, Rewriting and The Manipulation of Literary Fame≫에서 역시 "나는 여기에서 각 번역본을 평가할 의도는 없다. [......]내가 시도하는 것은 기술이지 처방이 아니기에 평가할 이유가 없다. 이 임무는 독자 자신이 하도록 남겨두는 편이 좋다."(Lefevere 1992:109)라고 말한 바 있다. 히키에 대한 그의 가치 판단은 자신이 이미 밝힌 목적과 서로 모순되는 것이다. 근본적으로 아무도 완벽한 객관성과 공정성을 기할 수 없다고 해도, 기술론적 학문을 하는 학자라면 Even-Zohar와 Toury처럼 이를 목표로 삼아야 하는 것은 아닐까?

사실상 Lefevere는 기술 연구의 입장을 벗어났으며, 그 원인의 일부는 그가 폴리시스템 이론의 용어를 버렸기 때문이다. 그 역시 시스템 개념은 연구자가 우열이나 정오(正誤)와 같은 단어에서 벗어나 감정에 좌우되지 않고 '중립'적인 방법으로 권력을 기술하도록 한다고 말한 바 있다.(Lefevere 1988-89:59) 하지만 이제 그는 '충분성', '수용성'과 같은 중성적 용어를 사용하지 않으려고, '충실한 번역자', '융통성 있는 번역자', '보수'와 같은 가치판단이 불가피한 단어를 사용하게 되었다.

폴리시스템 이론의 '과도한 구조주의적 기원'에서 탈피하고자 한 의도는 이해가 가지만, 일부 '문화적 전환' 학자들은 아이를 욕조의 물과 함께 버리는 것처럼 보인다.[15)]

## 2 Hermans의 규범 개념 확장

Hermans는 Toury의 규범 개념을 확대하고자 시도하였다. 그는 문화 연구의 관점에서 번역을 연구하는 학자들의 새로운 견해를 흡수하여, 번역학에 보다 폭넓고 견고한 틀을 세우려고 시도하였다. 그는 "번역 활동의 사회적 의미 및 권력과 이데올로기에 상대적인 번역의 위치에 집중"하는 것도 매우 중요하지만, Lefevere가 "이데올로기, 문학사조, 후원자의 세 가지 번역 결정 요인"을 제시하고서도 이를 완벽한 하나의 이론과 방법론으로 발전시켜 번역에 대한 사회와 이데올로기의 제약 및 사회와 이데올로기에 대한 번역의 영향을 포괄하지 못했다"(Hermans 1996:26,41)고 판단하였다. 이를 감안하여 그는 Lefevere에 의해 이미 폐기된 Toury의 규범 개념을 '재발견'하였다. 하지만 "Toury는 주로 규범을 번역자 행위에 대한 제약으로 보고 규범의 사회적 기능만을 간략하게 언급"(hermans 1995:25)하였기 때문에, Hermans는 Toury의 용어인

---

15) 이 두 그룹의 학자들의 저작은 서로 배척하기 보다는 보완이 필요하다고 생각된다. 하지만 그들 가운데 일부 대표적인 학자들은 상대방의 연구 발견, 이론적 성과 및 비판적 의견을 무시하는 경우가 많다. Lefevere는 《Translation, Rewriting and The Manipulation of Literary Fame》 에서 단 한 차례 Toury를 언급했을 뿐(윗 글에서 이미 인용), Even-Zohar에 대해서는 전혀 언급하지 않았다. Toury 역시 《Descriptive Translation Studies and Beyond》 에서 Lefevere를 언급하지 않았다. 사실상 다른 문화 이론과 전혀 교감하지 않고 그들의 비판에도 응답하지 않는 현실이 폴리시스템 이론의 발전을 가로막고 있다. 텔아비브 학파의 학 학생은 "곤혹스러운 문제는 폴리시스템 이론이 어느 정도나 [......] 이 이론의 근본적 기반과 존재 이유를 구성하는 근본 개념을 버리지 않고도 이러한 '이질'적 이론의 영향을 받아들일 수 있는가이다."라고 말한 바 있다.(Weissbrod 1998:42)

'번역 규범' 가운데 '번역' 두 글자를 떼어내고 그 기의(記意)의 폭과 복잡성을 더하여 개념을 확대하였다. 다음은 규범 개념에 대한 그의 재해석이다.

> 문화 속의 시스템들은 모두 매우 복잡하고 끊임없이 변화하며, 다른 사회 시스템 속에 포함되며, 각자 고유한 역사를 가진다. 번역은 필연적으로 동시에 여러 문화 시스템에 뿌리내린다. 따라서 번역은 다른 여러 사회 영역에서 나온, 서로 경쟁하고 대립하며 중복되는 규범 및 모델과 관계를 맺는다. 이러한 규범과 모델의 구속력은 서로 달라 각각의 성격, 범위, 상대적인 몫에 의해 결정되며, 그들이 중심부에 있는지 주변부에 있는지에 의해 결정되며, 또한 자신과 다른 정전화 또는 비정전화된 모델과 규범 사이의 관계에 의해 결정된다. [……] 이러한 복잡한 관계 속에서만 우리는 규범과 모델의 역할을 평가할 수 있으며, 과연 기회인지 제약인지 판단할 수 있으며, 번역자의 행위가 어느 정도나 압력에 굴복하고 어느 정도나 스스로의 목표를 추구하는 지 평가할 수 있다.
>
> (Hermans 1996:39~40)

이 규범 개념은 Toury와는 전혀 다르다. Hermans는 규범이 문학 시스템에서 기원하면서 문학 외의 시스템에서도 동시에 나온다고 보았다. 이러한 규범은 번역자에게 서로 상반된 요구를 하고 그 몫 역시 각각 달라, "등급을 나누는 사회 환경 및 등급 간의 권력 관계"에 의해 결정된다.(Hermans 1996:36) 그 결과 어떤 규범은 반드시 준수되어야 하며 어떤 규범은 준수될 필요가 없으며 어떤 규범은 다른 규범을 압도한다. Hermans는 또한 번역자가 그저 규범을 수동적으로 지킨다기 보다는 복잡한 교환 활동에 적극적으로 참여하며, 이러한 규범들은 뛰어난 점이 있기에 상응하는 권력을 장악하며, 또한 개인과 대중의 다양한 이익을 고려해야 한다고

보았다.(Hermans 1996:40)

규범 개념을 위와 같이 확장한 Hermans는 다음과 같이 선언했다.

> 규범 개념을 통한 번역 연구는 이러한 틀을 위한 핵심적인 구성 요소를 제공한다. 이러한 연구는 번역의 각종 결정적 요인을 탐색할 수 있다. 규범 개념이 사회 역량의 상호 작용 위에서 구축되고 이에 따라 이데올로기, 사회의 복잡성, 공동의 가치관 및 불평등한 권력 분배 위에 구축되기 때문이다. (Hermans 1996:41)

규범 개념 확대는 완벽한 틀을 구축하기 위한 큰 진전이지만 결과적으로는 구성 요소 하나를 제공했을 뿐이다. 사회 문화 규범은 셀 수 없이 많기에, 대략적인 용어가 아닌 분류 방법이 필요하기 때문이다. 뿐만 아니라 우리는 또한 다음과 같은 많은 구체적인 문제에 대답해야 한다. 번역은 결과적으로 어떤 문화 시스템 위에 동시에 뿌리를 내리는가? 어떤 규범과 관련되는가? 이러한 규범은 각자 번역자에게 어떠한 요구를 하는가? 이러한 규범과 Toury의 번역 규범은 어떤 관계인가? 이러한 규범의 상대적인 힘을 결정하는 매카니즘은 또한 어떻게 운영되는가?

얼마 전에 벌어진 토론(Schäffner 1998 참고)을 보면 "번역 활동을 지배하는 총체적인 '규범 모델'"(Toury 1998:23)의 개념은 여전히 모호하다. Toury(Toury 1998:23)는 이러한 규범이 서로 다른 시스템 지위를 갖는다면, 그 가치 역시 '아마도' 다를 것이라고 예상하였다. 반대로 Hermans는 번역을 지배하는 규범은 세 가지 층위가 있다고 제시하였다. 첫째는 한 사회 집단의 문화 및 이데올로기 규범이고, 둘째는 번역가능성과 언어간 재현이라는 일반적 개념에 근원을 둔 번역 규범이며, 마지막은 특정 고객 시스템 안에서 통용되는 텍스트 규범과 기타 규범이다.(Hermans 1998:60)

하지만 이러한 규범의 시스템 지위와 가치는 무엇일까? 그들은 또한 어떻게 서로 협조하거나 경쟁하여 총체적 '규범 모델'을 형성할까? 이러한 문제는 여전히 대답을 기다리고 있다.

## 3 Even-Zohar의 '문화적 전환'

일부 학자들이 번역학의 문화적 전환을 통해 번역과 정치 권력 및 이데올로기의 관계를 집중 연구하는 시기에, Even-Zohar 역시 1990년대부터 문화 연구로 전환하였다. 다시 말해서 그의 학문적 관심이 언어 문학에서 일반 문화로 전이된 것이다. 이는 일단 그의 글 속에서 나타난다. '폴리시스템 이론'의 1997년 수정판(Even-Zohar 1997)에서 그는, 문학이나 번역을 거론했던 부분을 거의 완전히 삭제하여 폴리시스템 이론을 문화 이론으로 변모시켰다. 보다 중요한 것은 같은 해 발표한 〈Factors and Dependencies in Culture: A revised Outline for Polysystem Culture Research〉(Even-Zohar 1997a)에서 그는 바로 앞장에 나왔던 도식을 다시금 사용하였지만 이로써 '문학 시스템의 역할에 관련된 거시 요소'가 아니라 '모든 사회-기호(문화) 활동에 관련된 구성 요소'를 나타내고자 하였다.(Even-Zohar 1997a:19)

이 밖에 그의 홈페이지(http://www.tau.ac.il/~itamarez)에서도 1993년 이전의 저작은 대부분 문학, 언어, 번역을 다루었다면 1993년 이후에는 문화 연구를 주로 다루고 있음을 알수 있다. 그의 최근 저작인 《Laws of Cultural Interference》 초고는 《Laws of

Literary Interference≫(Even-Zohar 1990:53~72)를 재편집(reshuttled)하여 완성되었다. 제목은 한 단어 차이지만 Even-Zohar가 문화로 방향 전환하였음을 잘 보여준다.[16)]

소위 '조작학파'에 1980년대에서 1990년대에 두 가지 서로 다른 동기를 가진 '문화적 전환'이 나타난 것이다. 일부 학자는 번역의 '외부 정치'에 초점을 맞추려고 했지만, Even-Zohar는 다음과 같이 생각하였다.

> 시스템 개념(아마도 보다 나은 이름은 관계 개념)은 학문 연구에 만능의 도구를 제공하며, 사회 기호 현상을 분석하는 데 매우 편리하다. 이 연구 방식은 어떤 특정한 맥락 안에서는 항상 소수의 요소만이 역할한다고 가정하기 때문에, 거대한 전문용어 리스트와 복잡한 분류법을 배제할 수 있다. 이제 우리는 몇 가지 관계 리스트만 가지면 아무리 복잡하고 거대한 현상이라도 해석할 수 있다. (Even-Zohar 1997a:15)

따라서 그는 정치, 이데올로기, 경제, 문학, 언어와 같은 폴리시스템을 생략하고 각 폴리시스템의 공통점을 부각시켜 보편 문화 이론으로 발전시켰으며, 문화 활동과 관련된 가설 요소를 크게 줄여 생산자, 생산물, 소비자와 같은 직접적인 참여자를 제외한 기성 제도, 형식 창고, 시장의 삼자만이 남았다. 이러한 간결한 도식은 물론 폴리시스템의 문화 연구를 위해 큰 방향을 짚어준 것이지만, 한 시스템의 연구 틀로서 직접 적용하기에는 부족하였다.[17)]

---

16) 재미 있는 사실은 Even-Zohar는 비교문학 교수이면서 문화 연구 센터 주임을 맡고 있다는 점이다.

17) 구버전의 폴리시스템 이론에 대하여, Hermans(Hermans 1994:139~140)는 이미 용어가 너무 적어 그 정의가 너무 광범위하다고 비판하였지만, Even-Zohar가 수정판을 내놓은 목적은 오히려 기존의 용어의 숫자

예를 들어 '형식 창고'는 "특정 생산물의 제조와 처리에 대한 지배 또는 생산과 소비의 규칙과 소재의 집합체"를 가리킨다.(Even-Zohar 1997a:20) 전통적인 언어학 용어를 빌려 표현하면, 한 언어의 형식 창고는 '문법'과 '단어'의 조합이다.(Even-Zohar 1990:39~40) 하지만 문법은 단어를 사용하는 규칙을 결정할 뿐이다. Even-Zohar의 표현에 다르면, 하나의 형식 창고의 존재에만 의지해서는 생산자(혹은 소비자)가 이를 이용하도록 보장할 수 없다. 이 형식 창고는 획득 가능할 뿐 아니라 사용 가능해야(즉 합리적으로 사용할 수 있어야) 된다.(Even-Zohar 1997a:21) 다시 말해서 소재(예를 들면 단어)를 사용할 수 있는가를 결정하는 다른 규칙이 또 있는 것이다. 예를 들어 언어 속에는 사회 주류에 의해 '더러운 말'로 간주되는 단어가 있고 이러한 단어를 어떻게 사용해야 하는 지를 결정하는 규칙이 있기 마련이지만, 이러한 단어는 대다수 문화의 대다수 장소에서 가용성이 없다.

가용성을 결정하는 규칙은 누가 만들고 쓰는가? Even-Zohar는 '기성 제도 연동 시장'이라고 하였다.(Even-Zohar 1997a:21) 하지만 그 밖에는? 예를 들어 텍스트의 생산과 소비 규칙은 과학 기술의 발전이나 새로운 예술 형식의 출현에 따라 변할 수 있는데, 이러한 변화와 기성 제도 또는 시장과의 관계는 어떤 과정을 거쳐서 나오는 것일까? 연구자가 어떤 '부차적' 요소를 소홀히 하지 않기 위해서는 보다 상세한 대조표(checklist)가 필요할 것이다.(Schäffner 1998:40 참고)

이러한 규칙은 정치, 이데올로기, 경제, 과학와 같은 다양한 근원을 가질 뿐 아니라 그들 사이의 관계도 각각 달라, 서로 중첩되

---

를 줄이는 데 있었다.

기도 하고 서로 대립하기도 하며 또한 서로 주종 관계를 맺기도 한다.(Hermans 1996:39~40) 이들은 또한 형식 창고 내의 소재 사용 방법을 지배하는 규칙을 결정할 수도 있다. 연구자는 아마도 모든 규칙을 포괄하는 이토록 광범위한 용어보다는, 서로 다른 근원과 층위를 가진 규칙을 구분하여 그 상호 관계를 밝히고 싶을 것이다.[18)]

모든 폴리시스템은 공통점이 있지만, 또한 필연적으로 각자의 특징이 있으며 서로 다른 내부 및 외부 관계를 갖는다. 어떤 시스템은 비교적 독립적이고 어떤 시스템은 의존적이어서, 각각 다른 병존 시스템과 서로 다른 상호 작용을 할 것이다. 따라서 시스템의 구체적인 성격에 따라서 특수한 대조표를 만들 필요가 있다.

## 4 결 론

총괄해보면, 두 가지 문화적 전환은 원래의 폴리시스템 이론을 떠나 서로 다른 방향을 향해 나아간 결과, 서로의 거리가 더 멀어

18) 이 밖에도 Even-Zohar가 사용한 용어 역시 일관성이 없다. 그는 형식 창고 안의 소재 사용 방법을 지배하는 것을 '규칙'으로, 형식 창고의 가용성을 결정하는 것을 '규범'으로 지칭한 것으로 보인다. "기성 제도가 규범을 지배하고, 어떤 규범이 다른 규범을 배척하도록 허용한다."(Even-Zohar 1997a:31)고 말했기 때문이다. 서로 다른 용어로 서로 다른 층위의 제약을 지적하는 것은 합리적이지 못한 듯하다. 이러한 혼동은 '용어들이 너무 적어 정의가 지나치게 포괄적'인 문제와 관계가 있다. 그는 필자와의 이메일을 통해서 자신이 이 구절을 "기성 제도는 형식 창고 내의 아이템 사용을 지배하며, 어떤 아이템이 다른 아이템을 배척하도록 허용한다."로 수정할 생각이라고 밝혔지만, 이 역시 문제 회피일 뿐이다.

진 듯 하다. 필자가 보기에, 이러한 결과는 불가피한 것이 아니다. 번역학의 문화적 전환이 곧 폴리시스템 탈피가 될 필요는 없었다. Lambert는 "그 창시자의 최근 저작에서도 이미 그다지 언급되지 않기에"(Lambert 1995:109) 폴리시스템 개념이 이미 잊혀지지는 않았는지 우려하고 있다. 일리가 있는 말이다.

사실 근본적으로 본다면, 보완되어야 할 것은 Toury의 규범 개념이 아니라 전체 폴리시스템 개념으로 보인다. 번역학의 특수한 수요에 따라 폴리시스템 이론을 보완하고 수정한다면, 이를 번역 이론으로 다시 '환원'하여 보다 완벽한 연구의 틀을 제공할 수 있다. 다음 장에서는 Hermans를 따라 "그 방향으로 비틀거리는 걸음을 내딛을 것이다."(Hermans 1996:42)

# 06 폴리시스템 번역학의 전망

위에서 이미 지적했듯이, Even-Zohar의 폴리시스템 이론은 번역 폴리시스템과 같은 문화 속의 다른 폴리시스템의 관계 기술 측면에서 충분한 진전을 이루지 못했으며, 번역학의 완전한 틀이 되지 못하였다. 하지만 틀의 윤곽은 이미 존재하므로, 번역학의 특수한 수요를 참작하여 보완하고 수정한다면 보다 정밀하고 실용성이 큰 틀을 설계해 낼 수 있다. Gentzler(Gentzler 2001:119)는 이에 대해 다음과 같이 말했다.

> 폴리시스템 이론의 장점은 스스로 확장할 여지를 가지고 있으며, 문학 연구와 그 동안 축적된 사회 및 경제 연구를 결합할 수 있다는 점에 있다. Even-Zohar가 '폴리'라는 단어를 사용한 것은 시스템 사이의 관계의 숫자를 제한하지 않음으로써 보다 복잡한 이론으로 발전시키기 위해서였다. 이는 문학 시스템의 내부 관계의 원칙을 기술하기 위해서 사용되며, 또한 문학 시스템의 외부 관계에도 적용된다.

따라서 필자는 번역 연구를 위해 설계된 폴리시스템 이론의 가장 정교한 버전을 제시한 후에, 폴리시스템 기술 연구의 객관적인 문제를 살펴보고, 이 이론을 보다 발전시키기 위한 제안을 할까 한다.

## 1 폴리시스템 이론의 정교한 버전

여기서 제시하는 폴리시스템 이론의 정교한 버전은 기존의 버전을 기초로 보다 복잡한 폴리시스템 분류법을 더한 것으로, Even-Zohar의 수정과는 반대 방향이라고 할 수 있다. 하지만 전자의 목적은 문화 맥락 속의 번역학을 위한 대조표를 제공하는 것에 있기 때문에, 후자와의 관계는 배치된다기 보다는 상호 보완적이다.

먼저, 문화 전체의 폴리시스템 분류 방식을 복원해야 한다. "이 문화라는 개념은 너무나 많은 것을 포괄하고 너무 복잡하여, 연구를 위해 튼튼한 기반을 제공할 수 없기" 때문이다. 따라서 "이를 서로 다른 서브시스템 또는 구성 부분으로 나눈 다음에 각각 기술하거나 해석할 때 더욱 효과적이 된다."(Cattrysse 1997:52)

따라서 문화라는 매크로 폴리시스템[19]은 여러 개의 서로 중첩되고 교차하는 폴리시스템으로 구성되며, 여기에는 정치, 이데올로기, 경제, 언어, 문학, 번역 등이 있다. 이 리스트는 물론 무한히 확장될 수 있지만, 번역학에 있어서는 상술한 여섯 개로 이미 충분하다. 이들은 번역 결정을 지배하는 규범의 주요 원천이기 때문

19) Even-Zohar는 문화 전체를 '문화 전반 폴리시스템(the overall polysystem of culture)'(Even-Zohar 1990:93) 혹은 '더 큰 폴리시스템(the larger polysystem)'(Even-Zohar 1997:8)이라고 불렀다. 편의를 위해 필요하다면 '(문화)매크로 폴리시스템[macro-polysystem(of culture)]'으로 문화 전반을 지칭하자고 제안한다.

이다. 사실상 이데올로기와 정치 폴리시스템이 대체로 Even-Zohar가 말한 '기성 제도'에 해당한다. 경제 폴리시스템은 '시장'에 해당하며 언어, 문학, 번역은 '형식 창고'에 해당한다.

Even-Zohar의 1990년 버전의 '폴리시스템 이론'에서 '기성 제도'는 서로 다른 이데올로기와 각종 권력이나 영향력을 가진 조직 및 기관을 포함한다.(Even-Zohar 1990:23) 매크로 폴리시스템 가설에서 이 개념을 확대하여 두 부분으로 나눈다면, 그 하나는 기성 제도 자체와 기성 제도 밖의 단체로 구성된 정치 폴리시스템이 된다. 소위 기성 제도란 권력이나 영향력을 가진 출판계, 전문가 조직, 교육 기관, 정부 부서 등을 포괄할 수 있다. 두 번째는 이데올로기 폴리시스템으로 이러한 기성 제도 안팎의 단체가 내세우는 신념과 가치관으로 구성된다.

문화 속에서 서로 충돌하고 경쟁하는 각종 이데올로기로 구성된 이데올로기 폴리시스템은 문학 생산물과 산업 생산물부터 법률, 사법 생산물 등 모든 문화 생산물의 생산과 소비를 지배한다.(Even-Zohar 1997a:27 참고) 나아가 심지어 사회의 기본적인 구조에까지 영향을 미치며, 여기에는 정치 폴리시스템이 포함된다. 한편 정치 폴리시스템 속의 권력 관계는 어떤 단일한 또는 다수의 이데올로기가 주도적 지위를 차지할 것인가를 다시 결정한다.

의심할 여지 없이 이 두 폴리시스템은 밀접한 관련을 맺지만, 반드시 서로 일치하지는 않는다. 예를 들어 정치 폴리시스템의 중심에 있는 단체나 개인이 때로는 주변부의 이데올로기를 용인하거나 심지어 지지하기도 한다. 따라서 이들을 분리하는 편이 적합할 듯하다.

폴리시스템 이론의 정교한 버전의 핵심은 정치 시스템과 이데올로기 시스템에 관한 가설이다. 이 가설에 따르면, 다양한 종류와 다양한 시스템의 이데올로기가 있어 각자 폴리시스템의 운영에 참여하는 것이 아니라, 각종 사회 활동 속에서 이데올로기는 한편으로는 하나의 전체로서 움직이면서 다른 한 편으로는 서로 경쟁한다. 이러한 가설을 세우면 시스템의 관점에서 '체제 내의 [……]주도권 싸움'이 아닌 '반체제'로 간주되는 단체가 어떻게 운영되는가를 해석할 수 있으며, 이러한 단체의 생산물이 주류 이데올로기에 어떻게 도전하며 또한 기성 제도에 의해 어떻게 용인되거나 배척당하는가를 해석할 수 있다. 보다 중요한 것은 이러한 가설이 "각종 시스템과 (정치) 체제 사이의 정확한 관계"를 해석하는 데 유용하며, 현대 사회에서 이러한 관계는 '문제의 핵심'이 될 수 있다는 사실이다.(Lambert 1995:137)

보다 정교한 버전의 두 번째 발걸음은 폴리시스템 이론의 규범 개념을 확장하는 것이다. 필자의 가설은, 한 폴리시스템의 활동을 지배하는 규범은 그 폴리시스템 내부에서 나올 뿐 아니라 수많은 다른 폴리시스템에서 나온다는 것이다. 따라서 '규범'은 두 가지 의미를 지닐 수 있다. 하나는 어떤 폴리시스템에서 파생된 원칙과 모델의 규범이고, 다른 하나는 어떤 폴리시스템의 움직임을 지배하는 규범이다. 예를 들어 소위 '문학 규범'은 '어떤 문학 원칙에 따라 구축된 규범'을 의미할 수도 있고, '문학 활동을 지배하는 규범'을 의미할 수도 있으며, 과연 어떤 의미인가는 맥락에 따라서 다르다. 적용되고 있는 규범은 다른 폴리시스템의 영향을 전혀 받지 않을 수가 없기 때문에, 첫 번째 의미의 규범은 순수한 가설이다.

정치 폴리시스템에서 나오는 규범의 주요 기능은 어떤 이데올로기가 주류가 되는가를 결정하는 것이다. 바꾸어 말하면 이러한 규범은 일반적으로 이데올로기 폴리시스템의 '건전한 상태'에 관심을 집중하며, 다른 폴리시스템의 상황에는 상대적으로 관심이 적다.[20] 무력을 배제한다면 정치 구조는 이데올로기에 의해 유지되기 때문이다. 이러한 규범은 각 단체와 개인이 각종 문화 활동에 참여할 때 어느 정도의 자유 또는 특권을 나누어 줄 지를 책임진다. 이러한 문화 활동은 규범을 만드는 활동 심지어 중심 규범을 위반하는 활동까지 포함한다. 표면적으로 어떤 문화는 기회의 평등을 표방하지만, 사실상 자유나 특권은 한 개인의 사회적 지위와 직접적으로 연관 관계를 갖는다. 예를 들어 무명의 번역자가 최대한 주류 규범을 준수했다고 해도 출판사를 찾기란 여전히 힘들며, 특히 원천 텍스트의 지위가 이미 확고한 번역의 경우 더욱 그러하다. 반대로 유명한 번역자라면 수많은 주류 규범을 위배하더라도 그 번역물은 쉽게 출판 가능하다.[21] 학자들의 상황도 마찬가지이다. 유명하거나 인맥이 넓은 학자들의 경우, 자신들의 관점을 출판하여 주목을 끌기란 규범에 영합했든 아니면 위배했든 상관없이 훨씬 쉬운 일이다.

이데올로기 폴리시스템의 규범은 생산물의 선택, 생산 전략 및 소비 방식이 어떤 가치관에 부합하도록 만들거나 최소한 위배하지는 못 하도록 요구하여, 이러한 가치관을 가진 정치 단체의 이익을 보호하고자 한다.

경제 시스템에서 기원한 규범은 문화 활동이 어떤 '경제 원칙'에 부합하도록 요구한다. '순수'한 경제 규범은 유한한 자원으로

---

20) Lefevere의 "후원자는 문학의 이데올로기에 가장 큰 관심을 갖고, 그 다음으로 문학사조에 관심을 갖는다."(Lefevere 1992:15) 참고.

21) Hermans의 "경험과 지위를 가진 시가 번역자는 인정을 받으려는 젊은 신참에 비해 자신감이 더 크며, 출판사나 편집자의 기대와 제안을 무시하고 거절하는 경우가 더 많다."(Hermans 1996:35) 참고.

구성원들에게 최대한의 효용을 제공하는 것이라고 할 수 있다. 전형적인 자본주의 시장 경제 속에서 이미 이데올로기의 영향을 받는 경제 규범은 돈으로 효용의 가치를 잰다. 따라서 높은 가격을 지불하는 사람이 생산물을 얻는 방식으로 분배하며, 생산물의 시장 가격은 그 실제 효용 가치의 정확한 반영으로 간주된다. 하지만 공산주의 계획 경제 속에서 생산물의 효용 가치는 소비자의 심신 건강에 대한 그 생산물의 효익으로 가늠한다. 시장 경제 속의 문학 번역에 있어서 가장 중요한 경제 규범은, 텍스트의 선택과 번역 방법이 보다 많은 독자를 확보하여 판매량을 보장해야 한다는 것이다. 이 가설은 번역 문학의 지위와 행위에 관한 Even-Zohar의 가설(Even-Zohar 1990:50~51)에 부합한다. 번역 문학이 주변부에 있을 때 작품은 독자의 취향에 영합해야 하므로 수용성으로 기운다. 하지만 번역 문학이 중심에 있을 때 독자의 읽고자 하는 동기가 강하기 때문에 작품은 고유의 문화 취향에 영합할 필요가 없으며, 심지어 이국적 정서를 가져야만 흡인력을 가지기도 한다.

언어 시스템에서 나온 규범은 목표 텍스트가 어떤 언어의 문법과 조어법 등을 준수하도록 요구하며, 문학 시스템의 규범은 목표 텍스트가 '인정된 문학 모델'을 준수하도록 요구한다.(Toury 1995:171) 이 개념에 대해서 Toury가 이미 자세히 설명하였으므로 여기서는 더 이상 첨언할 필요가 없을 것이다.

Toury는 목표 언어 문화의 언어와 문학 규범을 준수할 때 원천 텍스트의 어떤 특징을 희생시킬 가능성이 있다고 지적하였다.(Toury 1995:171) 하지만 사실상 목표 언어 문화의 정치, 이데올로기, 경제 규범을 준수하는 경우도 마찬가지이다. 따라서 Toury가 충분성과 수용성의 두 가지 용어가 포괄하는 범위를 언어와 문학 규범에서 모든 문화 규범으로 확대한 것은(제4장 참고) 적절하였다.

마지막으로 번역 폴리시스템의 존재에 대한 가설이 필요하다. Even-Zohar와 기타 학파의 일부 번역학자들은 문학 번역만을 연구하면서, 문학 번역과 번역을 의식적이든 무의식적이든 동일시하는 경향이 있다. 바로 그렇기 때문에 Even-Zohar는 번역 문학을 문학 폴리시스템 아래에 홀로 두었다.(Even-Zohar 1990:45~51) 하지만 번역 문학이 문학 폴리시스템과 번역 폴리시스템에 동시에 속한다고 보는 편이 보다 합리적이다. 교실에서 외국어 학습을 위해 개설된 번역 연습 과목은 원천 텍스트 번역 폴리시스템의 규범을 부분적으로 반영할 것이다. 이러한 연습은 목표 텍스트에 어떤 실제적 용도가 있다고 가정하지 않고, 문화적 진공 상태에서 학생으로 하여금 단순히 '번역'하도록 시킨다. 번역자 훈련 과정에서도 상황은 때때로 마찬가지다. '완벽'을 추구하기 위하여 교사는 학생에게 그들 스스로도 전문 번역을 할 때는 지키지도 않는 규범을 만들어 놓고, 항상 '충실' '등가'와 같은 단어를 강조하곤 한다. 다음과 같은 평가가 참고가 될 것이다.

> 번역을 배우는 학생은 원천 텍스트를 손대기조차 두려운 독립적이고 권위 있는 존재로 보고, 어떤 대가를 치르든 반드시 보존해야 된다고 여기는 경우가 많다. 이는 물론 번역을 가르치는 교사의 태도에 의해 형성된 것이며, 특히 대학 과정의 번역 수업의 경우[……] 전문가라면 거의 사용하지 않는 어떤 가치관을 가르친다.
>
> (Hewson and martin 1991:166)

이러한 평가가 물론 완벽하지는 않다. 정도는 조금 낮더라도 교실에서 가르치는 규범 역시 다른 폴리시스템 규범의 영향을 받지 않을 수 없기 때문이다. 하지만 우리는 번역 폴리시스템에서 나온 규범이 다른 규범과 서로 충돌하는 모습을 아직도 많이 목격하곤 한다. 이러한 다른 규범은 번역자를 다른 방향으로 이끌며, 또한 번역자의 반응에 의해 하나의 균형점에 도달한다. 이것이 바로 그 번역을 지배하는 복합적 규범이며, Toury가 말한 '총체적 규범 모델'이다.

우리는 더 나아가 문화 매크로 폴리시스템이 안정적인 상태일 때 정치 및 이데올로기 폴리시스템이 다른 폴리시스템에 비해 보다 중심적인 위치에 있어(독재국가에서 특히 그러하다), 주도적 지위를 차지한 정치 및 이데올로기 규범이 다른 유형의 규범에 함께 영향을 미치는 상황을 가정해볼 수 있다. 하지만 안정된 상태라도 해도 일부 문화 생산물이 체제 안팎의 인사들의 지원 아래에서 어떤 폴리시스템(이데올로기, 문학, 언어 등)의 주변부 시스템의 규범에 따라 생산되어 중심 시스템에 도전할 가능성은 있다. 개방 수준이 낮은 사회에서 일반적으로 이러한 도전은 간접적인 방식을 취하여 징벌을 피하고자 하며, 번역자는 모종의 제한된 면책권을 누릴 수 있기에(그들은 "그것은 내가 한 말이 아닙니다."라고 변명할 수 있다)(Lefevere 1990:23) 번역은 비교적 쉬운 선택의 하나가 된다. Gentzler의 말처럼 "많은 번역자는[……] 번역으로 문화에 어떤 변화를 꾀하고 싶어한다." 그리고 "제도를 이용하여 자신을 목적을 달성하고자 하며, 가장 대표적인 예는 독재 정치 체제 내에서 이루어지는 번역이다."(Gentzler 1996:122,125)

경제난, 자연 재해, 외부의 침략과 같은 요인으로 정치 폴리시스템에 권력 투쟁이 일어나 문화 폴리시스템에 위기가 발생할 때, 정치와 이데올로기 폴리시스템의 중심 시스템은 중심을 이탈(centrifugal)하도록 강요받아, 결국 도미노 현상으로 이어진다. 정치와 이데올로기 중심 시스템의 지원을 잃으면, 다른 폴리시스템의 중심 시스템 역시 주변으로 밀려나게 되며, 주변부 시스템이 이 틈을 타 중심으로 진입한다. 이와 동시에 문화 매크로 폴리시스템의 한 주변부 폴리시스템(번역 등)이 적극적으로 문화 전체의 재구축에 참여하게 되면서 중심으로 향하게 된다. 일련의 투쟁을 거쳐 문화 매크로 폴리시스템에 새로운 구조가 나타나 새로운 힘의 균형에 도달하면 다시 안정 상태를 회복한다.

이러한 확장된 폴리시스템 이론이 번역자의 역할과 번역 관련 기타 사회 문화 요소 특히 권력 관계를 연구하는 데 보다 도움이 된다고 믿는다.[22]

## 2 객관성과 중립성의 문제

이 틀로 번역을 연구한다면, 그 깊이와 폭이 얼마나 넓든 어떤 목적이 있든 결국은 추측과 경향성을 띠게 되며, 고도의 객관성과 정밀성에 도달하기를 바라기란 불가능하다. 따라서 기술론적 번역학이 객관과 중립을 실현할 수 있으며 실현해야 한다고 믿는 학자는 이러한 연구가 비과학적이고 학술적이지 못하다고 여길 수 있다.[23] 하지만 일부에서는 이미 인문 과학의 절대적인 객관성에 대해 의문을 던지고 있다. 이 문제는 다음의 세 가지 측면이 있다.

첫째, Venuti의 말처럼, 번역학에 종사한다는 것은 번역학을 주변부에 놓는 것에 반대한다는 것이며(Venuti 1995:312~313) 어떤

22) Hermans는, Even-Zohar와 Toury의 연구는 전통 학파와 마찬가지로 번역자의 역할에 대해서 소홀히 다루고 있다고 본다.(Hermans 1995:222)

23) 이것이 아마도 어떤 학자들이 번역의 외부 정치를 연구하지 않은 원인의 하나일 것이다.

연구 방식을 주장하는 것은 "번역학 학자의 행위를 통제'하려는 시도와 같다.(Venuti 1998:28) 바꾸어 말하면, 어떤 폴리시스템 내부의 투쟁을 기술하는 것은(우리에게는 바로 번역 폴리시스템), 다른 폴리시스템 즉 학술 폴리시스템 내부의 투쟁에 참여하는 것과 같다. 이는 누구도 회피할 수 없다. 기술론적 번역학에 종사하는 학자로서 유일한 선택은 다른 사람이 학술 폴리시스템의 투쟁을 기술하도록 만드는 것이다.

둘째, 기술이 (정도에 차이는 있지만) 객관과 중립을 유지할 수 있다고 해도, 기술하는 대상의 인식과 견해를 필연적으로 변화시킨다.(Hermans 1999:150 참고) 기술론적 연구는 기술 대상이 되는 시스템 자신이 덮어놓기를 바라는 어떤 측면(예를 들면 검열 제도)을 폭로할 수 있으며, 아무런 금기가 없는 천진난만한 아이들처럼 어른들이 난감해 하는 진실을 말한다. '권위를 보호'하는 전통적인 연구 방식은 정전화된 문학, 표준어, 정통 이데올로기를 학술 연구의 유일한 대상으로 보고, 주류 체제의 이익을 옹호한다. 하지만 기술론적 폴리시스템 연구 방식은 과거에 소홀히 다루었거나 배척했던 사물을 연구 범위에 끌어들이는 것이 모든 폴리시스템을 충분히 이해할 수 있는 선결 조건이라고 생각한다.(Even-Zohar 1990:13) 다시 말해서 폴리시스템 이론가들은 중심 시스템에는 내재된 우월성이 없고, 중심 시스템이 옹호하는 기준 역시 유일한 진리가 아니며, 단지 당시 힘을 얻은 규범일 따름이라고 인식한다. 이러한 관점은 중심 시스템의 중심 신화를 제거하는 것과 같다. 소홀히 취급되었던 주변부 시스템(예를 들어 주류에 의해 '나쁜 번역' 또는 '번역이 아니다'라고 비판받는 번역 전략)의 존재를 인정하는 것은, 다른 사람들에게 이 시스템에 주목하도록 하여 이의 합법화를 돕는다. 반대로 중심 규범의 주도적 지위를 인정하는 것은 그에 대한 찬동으로 이해될 수 있다. 다시 말해서 '초연하게' 대립 시스템 사이의 투쟁을 기술하는 것조차 자기 의지에 상관 없이 이 투쟁에 뛰어드는 결과를 낳기도 한다.

셋째, Venuti(Venuti 1998:28~29)와 Hermans(Hermans 1999:36, 146~150)가 지적했듯이, 관찰이 절대적 객관에 도달하는 것은 불가능하다. 사람은 결국은 어떤 문화와 역사적 맥락 또는 어떤 폴리시스템의 위치에서 관찰하기 때문이다. 관찰자가 기호의 심층의미를 찾아내려고 시도할수록 이 말은 더 정확해진다. 규범은 직접 관찰로 얻을 수 있는 것이 아니다.(Hermans 1996:39) 규범을 재구축하려는 시도 자체에 추측이 들어가며, 나아가 이 장에서 주장한 대로 복합적인 규범의 구성 성분을 분해하여 그 근원 시스템을 추적할 때는 더 말할 나위도 없다. 사실상 시스템은 현실 속에서 존재하지 않으며 단지 "시스템 이론 속에만 존재한다."(Hermans 1999:103)

하지만 우리는 이러한 제약 때문에 발걸음을 멈출 필요는 없다. 우리가 의미가 있다고 생각한다면, 번역이나 기타 문화 현상 배후의 요인을 찾아내고 추측해 보기 위해 노력할 수 있다.(Hermans 1999:118 참고) 만약 객관성과 기술 자체가 추구할 만한 이상이라고 생각한다면, 이상의 완전한 실현은 불가능하다는 인식을 전제로 자신의 연구 대상에 대해 최대한 객관성과 중립성을 유지해야 한다.

게다가 기술 연구에 회의적인 사람 역시 폴리시스템 개념을 버릴 필요는 없다. 폴리시스템 개념과 기술 연구 사이에는 필연적인 관계가 없기 때문이다. 최소한 일부 이론가들에게는 양자가 우연히 같은 길을 걸었을 따름이다.(Hermans 1999:41)

## 3 맺는 말: 이제 걸어가야 할 길은?

탈구조주의, 탈식민주의, 페미니즘과 같은 다양한 문화 이론이 문학 및 문화 연구 속에서 큰 변화를 일으켰으며(Venuti 1997a:363) 또한 "현재 번역학에서 큰 위력을 발휘하고 있다."(Hermans 1999:157) 하지만 폴리시스템 이론은 이러한 이론들과 전혀 대화를 나누지 않고 이십여 년 동안 계속 제자리 걸음을 하고 있으며, 또한 그래서 '부쩍 늙어 보이기' 시작하고 있다.(Hermans 1999:106, 14~15)

Even-Zohar는 자신의 수정판 요강(Even-Zohar 1997a:18)에서 다음과 같은 말을 인용하였다.

> 때때로 다음과 같은 상황이 일어난다.[……] 주도적 연구 방향으로서 이미 상당 기간 유지된 이론이 어떤 단계에 이르면 그 제한적 성격이 점점 더 뚜렷해진다. [……]이 분야의 과학자는 그래서 방향을 전환해 더 큰 이론적 틀을 추구하며, 심지어 아예 다른 이론을 찾아 그 이론의 힘이 미치지 못하는 문제를 해결하려고 한다.
>
> (Elias and Dunning 1986:189)

폴리시스템 이론은 과거 한 때 기존의 이론을 대신한 새로운 이론이었지만, 이제는 시야를 넓히지 않는다면 다른 이론으로 대체될 위기를 맞고 있다. 먼저 폴리시스템 이론은 "자기 반성과 자기 비판을 통해 스스로의 역사성과 기성 체제로서의 지위를 인정하고, 스스로의 맹점을 인식하며, 언어와 번역으로 재현될 때 빠질 수 있는 함정을 직시해야 한다."(Hermans 1999:149~150) 다시 말해 폴리시스템 이론은 이제 시야를 넓혀, 스스로를 문화 매크로 폴리시스템의 구성 부분으로 바라보고 스스로를 연구 범위에 넘어야 한다. 위에서 이미 증명했듯이, 다른 문화 이론의 자극으로 폴리시스템 이론은 스스로의 용어로 스스로의 한계를 해석할 수 있다.

또한 현재 폴리시스템 이론은 번역의 외부 정치적 요소를 전부 다루기에는 힘이 부친다. 각종 규범의 근원 시스템을 찾아내려고 한다면 이러한 시스템에만 관심을 갖는 이론에서 양분을 섭취해야 한다. 예를 들어 젠더 연구(gender studies)의 진전이 없었다면, 폴리시스템 이론 학자들은 어떤 번역 전략이 특정 젠더의 규범의 지배를 받는다는 사실을 의식할 수 없었을 것이다. Toury의 기술 연구 방식에 대한 Venuti의 비판(Venuti 1997a:362~363)이 바로 이 점을 지적하고 있다.

> 이 방법론은 자료를 평가하고 규범을 분석하기 위해서 문화 이론의 협조를 여전히 필요로 한다. 규범은 일단 언어나 문학 분야의 규범이 주가 되겠지만 자국의 각종 가치관, 신앙 및 이데올로기적인 성격을 가진, 각 집단의 이익을 위해 봉사하는 사회 현상도 포함된다. [……]예를 들어 문학 번역을 연구하는 학자는 외국과 자국의 문학 전통을 이해해야 할 뿐 아니라 문화 가치나 취향에 관한 사회학 이론도 알아야 번역에 대한 갖가지 제약을 이해할 수 있다.

폴리시스템 이론 학자와 다른 문화 이론 학자 사이에 대화가 없는 것은 서로의 견해 차이를 너무나 심각하게 받아들이고 있기 때문으로 보인다. 전자는 그들의 기술론적 입장에 대해 지나치게 오만하고, 후자의 경우 대다수가 자신이 윤리와 정치 문제에 개입한다고 솔직히 밝히고 있다. 하지만 폴리시스템 이론(혹은 최소한 그 잠재 버전)과 다른 사회 참여적인 문화 이론 사이에는 사실상 그 동안 소홀히 다루어진 많은 공통점이 있다. 양자는 모두 문화의 각도에서 문제를 보며, 모두 번역을 단순한 언어 현상이 아닌 문화 현상으로 바라본다. 그들은 또한 모두 번역의 '외부 정치'를 중시하거나 최소한 직시하고 번역과 이데올로기, 권력, 경제과 같은 사회 문화 요소 사이의 관계를 인정한다.[24] 그들의 기술과 해석은 아마도 다르겠지만, 그들의 연구는 모두 기존 권력 관계를 동요시키는 역할을 한다. 폴리시스템 이론은 "가치 판단을 연구 대상 선정의 기준으로 삼지 않기에"(Even-Zohar 1990:13) 중심 시스템의 이익에 위배되며, 자신의 입장을 가진 문화 이론은 주변부 시스템에 대한 연구를 부각시키곤 한다.(Hermans 1999:15 참조)

뿐만 아니라, 상술한 바와 같이 폴리시스템 개념과 기술 연구 사이에는 필연적인 관계가 없다. 이는 폴리시스템 개념이 사회 참여적인 문화 이론과 본질적으로 용납 불가능하지 않다는 의미이다. 반대로 양자는 서로 장점을 취할 수 있다. 폴리시스템 이론은 다른 문화 이론에서 섭취한 양분으로 새로운 생명력을 얻어 번역학에 보다 총체적이고 충실한 틀을 제공함으로써, 정치와 윤리 문제에 대한 개입 여부나 방법에 상관 없이 모든 연구자가 한걸음 물러서서 보다 넓은 시야를 갖도록 할 수 있다.

따라서 두 이론 사이에 언젠가는 건설적인 대화가 진행되어야 서로에게 유익함을 알 수 있다.

---

24) Susan Bassnett은 폴리시스템 이론의 '미묘한 점'은 그것이 '형식주의와 마르크스주의 방법론의 기묘한 혼합체'라는 점에 있다고 본다.(Bassnett 1998:106)

# 참고문헌


Bassnett, Susan. Comparative Literature - A Critical Introduction. Oxford: Blackwell, 1993.

Bassnett, Susan. The meek or the Mighty: Reappraising the Role of the Translator. Román Á Ivarez and M. Carmen-África Vidal(eds), Translation, Power, Subversion. Clevedon: Multilingual Matters, 1996, 10~24.

Bassnett, Susan. Researching Translation Studies: The Case for Doctoral Research. Peter Bush and Kirsten Malmkjar(eds), Rimbaud's Rainbow: Literary Translation in Higher Education. Amsterdam: John Benjamins, 1998, 105~118.

Bassnett, Susan and André Lefevere. General Editors' Preface. André Lefevere. Translation, Rewriting, & the Manipulation of Literary Fame. London: Routledge, 1992, vii~viii.

Ben-Ari, Nitsa. Ideological Manipulation of Translated Texts. Translation Quarterly, 2000, 16~17: 40~52.

Cattrysse, Patrick. The Polysystem Theory and Cultural Studies. Canadian review of Comparative Literature, 1997, 24: 49~55.

Elias, Norbert and Eric Dunning. Quest for Excitement: Sport and Leisure in the Civilizing Process. Oxford: Blackwell, 1986.

Even-Zohar, Itamar. Language Conflick and National Identity: A Semiotic Approach. Joseph Alpher(ed.). Nationalism and Modernity: A Mediterranean Perspective. New York: Praeger, 1986, 126~135.

Even-Zohar, Itamar. Polysytem Studies. Poetics Today 1. 1990.

Even-Zohar, Itamar. Polysytem Theory(revised version). Web: http://www.tau.ac.il/~itamarez, 1997.

Even-Zohar, Itamar. Factors and Dependencies in Culture: A Revised Outline for Polysystem Culture Research. Canadian review of Comparative Literature, 1997a. 3: 15~34.

Feldman, Yael S. Poetics and Politics: Israeli Literary Criticism between East and West. Proceedings of the American Academy for Jewish Research, 1985, 9~35.

Gentzler, Edwin. Translation, Counter-Culture, and The Fifties in the USA. Román Álvarez and M. Carmen-África Vidal(eds), Translation, Power, Subversion. Clevedon: Multilingual Matters, 1996, 116~137.

Gentzler, Edwin. Contemporary Translation Theories(Revised 2nd Edition). Clevedon: Multilingual Matters, 2001.

Hawkes, David(trans.). The Story of the Sone, Vol. 1: The Golden Days. Harmondsworth: Penguin, 1973.

Hermans, Theo. Trnaslational Norms and Correct Translations. Kitty M. van Leuven-Zwart and Ton Naaijkens(eds), Translation Studies: The State of the Art. Amsterdam: Rodopi, 1991, 155~169.

Hermans, Theo. Translation between Poetics and Ideology.

Translation and Literature, 1994, 3: 138~145.

Hermans, Theo. Revisiting the Classics: Toury's Empiricism Version One. The Translator, 1995, 2: 215~223.

Hermans, Theo. Norms and the Determination of Translation: A Theoretical Framework. Román Álvarez and M. Carmen-África Vidal(eds), Translation, Power, Subversion. Clevedon: Multiligual Matters, 1996, 25~51.

Hermans, Theo. Translation and Normativity. Christina Schäffner(ed.), Translation and Norms. Current Issues in Language & Society, 1998, 1~2: 51~72.

Hermans, Theo. Translation in Systems: Descriptive and System-oriented Approaches Explained. Manchester: St. Jerome, 1999.

Hewson, Lance and Jacky Martin. Redefining Translation: The Variational Approach. London: Routledge, 1991.

Holmes, James S. Translated! Papers on Literary Translation and Translation Studies. Amsterdam: Rodopi, 1988.

Jin Di. What Is a Perfect Translation? Babel, 1997, 3: 267~272.

Jin, Di. And E. A. Nida. On Translation: With Special Reference to Chinese and English. Beijing: China Translation & Publishing Corporation, 1984.

Lambert, José. Translation, Systems and Research: The Contribution of Polysystem Studies to Translation Studies. TTR, 1995, 1: 105~152.

Lambert, José. Itamar Even-Zohar's Polysystem Studies: An Interdisciplinary Perspective on Culture Research. Canadian Review of Comparative Literature, 1997, 3: 7~14.

Lefevere, André. Why Waste Our Time on Rewrites? The Trouble with Interpretation and the Role of Rewriting in an Alternative Paradigm. Theo Hermans(ed.), The Manipulation of Literature: Studies in Literary Translation. London: Croom Helm. 215~243. 1985.

Lefevere, André. Systems Thinking and Cultural Relativism. Jadavpur Journal of Comparative Literature, 1988-89, 26: 55~68.

Lefevere, André. Translation, Rewriting, & the Manipulation of Literary Fame. London: Routledge, 1992.

Lefevere, André and Susan Bassnett. Introduction: Proust's Grandmother and the Thousand and One Night. The 'Cultural Turn' in Translation Studies. Susan Bassnett and André Lefevere(eds), Translation, History and Culture. London: Pinter (reprinted London: Cassell 1995), 1990, 1~13.

Newmark, Peter. Approaches to Translation. Oxford: Pergamon, 1981.

Newmark, Peter. A Textbook of Translation. Herfordshire: Prentice Hall, 1988.

Newmark, Peter. The Curse of Dogma in Translation Studies. Lebende Sprachen, 1991, 3: 105~108.

Newmark, Peter. More Paragraphs on Translation. Clevedon: Multiglingual Matters, 1998.

Nida, Eugene A. Towrd A Science of Translation: With Special Reference to Principles and Procedures Involved in Bible Translation. Leiden: E. J. Brill, 1964.

Nida, Eugene A. Lanugage, Culture, and Translating. Shanghai:

Shanghai Foreign Language Education Press, 1993.

Nida, Eugene A. and C. R. Taber. The Theory and Practice of Translation. Leiden: E. J. Brill, 1969.

Niranjana, Tejaswini. Siting Translation: History, Post-Structuralism, and the Colonial Context. Berkeley: University of California Press. 1992.

Nord, Christiane. Text Analysis in Translation: Theory, Methodology, and Didactic Application of a Model for Translation-Oriented Text Analysis. Amsterdam: Rodopi. (Translated from Textanalyse und übersetzen. Theorie, Methode und didaktische Anwendung einer bersetzungsrelevanten Textanalyse, Heidelberg: Groos, 1988.) 1991.

Nord, Christiane. Scopos, Loyalty, and Translational Conventions. Target, 1991a, 1: 91~109.

Nord, Christiane. Translating as a Purposeful Activity: Functionalist Approaches Explained. Manchester: St. Jerome Publishing, 1997.

Nord, Christiane. Loyalty Revisited — Bible Translation as a Case in Point. The Translator, 2001, 2: 185~202.

Pym, Anthony. Material Text Transfer as a Key to the Purposes of Translation. Ablrecht Neubert, Gregory Shreve and Klaus Gommlich(eds). Basic Issues in Translation Studies. Proceedings of the Fifth International Conference Kent Forum on Translation Studies Ⅱ. Kent, Ohio: Institute of Applied Linguistics, 1996, 337~346.

Reiss Katharina. Text Types, Translation Types and Translation Assessment(translation of Reiss 1977) (trans. Andrew

Chesterman). Andrew Chesterman(ed.), Readings in Translation Theory. Finland: Oy Finn Lectura Ab. 1989, 105~115.

Reiss, Katharina and Hans J. Vermeer. Grundlegung einer allgemeinen Translationstheorie. Tübingen: Niemeyer, 1984.

Schäffner, Christina(ed.). Translation and Norms. Current Issues in Language & Society, 1998, 1~2.

Snell-Hornby, Mary. Translation Studies: An Integrated Approach(Revised Edition). Amsterdam: John Benjamins, 1995.

Toury, Gideon. In Search of a Theory of Translation. Tel Aviv: The Porter Institute for Poetics and Semiotics, 1980.

Toury, Gideon. Descrptive Translation Studies and Beyond. Amsterdam/Philadelphia: John Benjamins, 1995.

Toury, Gideon. A Handful of Paragraphs on 'Translation' and 'Norms'. Christina Schäffner(ed.), Translation and Norms. Current Issues in Language & Society, 1~2: 10~12. 1998.

Venuti, Lawrence. The Translator's Invisibility: A History of Translation. London: Routledge, 1995.

Venuti, Lawrence. Unequal Developments: Current Trends in Translation Studies. Comparative Literature, 1997a. 4: 360~368.

Venuti, Lawrence. The Scandals of Translation. London: Routledge, 1998.

Vermeer, Hans J. What does it mean to translate?. Indian journal of applied linguistics, 1987, 2: 25~33.

Vermeer, Hans J. Literarische Übersetzung als Versuch interkultureller Kommunikation. Alois Wierlacher(ed.), Perspektiven und Verfahren interkultureller Germanistik. München: Iudicium,

1987a, 541~549.

Vermeer, Hans J. Skopos and Commission in Translational Action(trans. Andrew Chesterman). Andrew Chesterman(ed.), Readings in Translation Theory. Finland: Oy Finn Lectura Ab, 1989, 173~187.

Vermeer, Hans J. A Skopos Theory of Translation(Some Arguments for and against). Heidelberg: TEXTconTEXT-Verlag, 1996.

Wakabayashi, Judy. Subversion, Sex and the State: The Censorship of Translations in Modern Japan. Translation Quarterly, 2000, 16~17: 53~78.

Weissbrod, Rachel. Translation Research in the Framework of the Tel Aviv School of Poetics and Semiotics. Meta, 1998, 1: 35~45.

Wilde, Oscar. Plays: Lady Windermerer's Fan, A Woman of No Importance, An Ideal Husband, The Importance of Being Earnest, Salomé. Harmondsworth: Penguin, 1979.

Wilde, Oscar. The Importance of Being Earnest. (New Mermaids). London: Earnest Benn, 1980.

Yang, Hsien-yi and Gladys Yang(trans.). A Dream of Red Mansions(Vol.1). Beijing: Foreign Languages Press, 1978.

Zlateva, Palma. Translation: Text and Pre-Text. 'Adequacy' and 'Acceptability' in Crosscultural Communication. Susan Bassnett and André Lefevere(eds), Translation, History and Culture. London: Pinter(reprinted London: Cassell 1995), 1990, 29~3.

埃文-佐哈尔, 伊塔马(Itamar Even-Zohar). 翻译文学在文学多元系统中的位置. 庄柔玉译. 见: 陈德鸿、张南峰编. 西方翻译理论精选. 香港: 香港城市大学出版社, 2000, 115~123.

埃文-佐哈尔，伊塔马(Itamar Even-Zohar). 多元系统论. 张南峰译. 中国翻译，2002(4). 19~25.

曹雪芹，高鹗. 红楼梦(上). 北京：人民文学出版社，1982.

金隄. 等效翻译探索. 北京：中国对外翻译出版公司，1989.

金隄. 等效翻译探索(增订版). 台北：书林，1998.

林草原. 忠信与操纵—当代基督教圣经中文译本研究. 香港岭南大学未发表硕士论文，2003.

明报. 对政治嬉笑怒骂《王朔全集》遭禁. 10月12日，A11，1996.

施莱尔马赫，弗里德里希(Friedrich Schleiermacher). 论翻译的方法. 伍志雄译. 见：陈德鸿，张南峰编. 西方翻译理论精选(2002年第二次印刷). 香港：香港城市大学出版社，2000，19~27.

苏倩雅. 基督教中文圣经性别内包语言研究. 香港岭南大学未发表硕士论文，2002.

谭载喜、尤金・奈达(Eugene A. Nida). 论翻译学的途径. 外语教学与研究，1987(1)：24~30.

文努提，罗伦斯(Lawrence Venuti). 翻译理论对译者有用吗?. 区剑龙译. 翻译季刊，2000(16-17)：108~121.

余光中译. 不可儿戏. 香港：山边社，1984.

# 찾아보기

【ㅇ】



【ㅈ】



【ㅊ】



【ㅌ】

【ㅍ】



【ㅎ】



【1】



【2】

번역학 비판 - 응용 이론에서 순수 이론까지 -

초판 인쇄 2006년 12월 20일
초판 발행 2006년 12월 30일

저 자 ▪ 张南峰
역 자 ▪ 김진아 · 도희진
발행인 ▪ 박 철
발행처 ▪ 한국외국어대학교 출판부
130-791 서울특별시 동대문구 이문동 270
전화: 02)2173-2494~5
FAX: 02)962-7122
홈페이지: http://press.hufs.ac.kr
전자우편: press@hufs.ac.kr
출판등록 ▪ 제6-6호(1969. 4. 30)
편집 · 디자인 ▪ (주)이환D&B (02)2254-4301
인쇄 · 제본 ▪ 동화인쇄(주) (02)719-7181

ISBN 89-7464-426-6 93720 정가 10,000원

* 잘못된 책은 교환하여 드립니다.